iT 교재의 진수
MyLove NEW series

한글 Hangul 2018

안영희 지음

KB133682

(주)교학사

Hangul 2018

02
SECTION

문서 작성하고 저장하기

❶ 한글 2018 프로그램을 통해 문자를 입력하고 저장하는 방법을 알아봅니다. 키보드를 통해 문자를 입력하거나 키보드로 입력할 수 없는 특수문자를 입력할 수 있으며, 한글을 한자로 변환하는 방법도 알아봅니다.

❷ **PREVIEW**

■ 동계 올림픽 종목
동계 올림픽은 4년마다 개최되는 겨울 스포츠 종합 국제 대회이다. 1924년에 프랑스 샤모니에서 제1회가 개최되었고, 2018년 제23회가 우리나라 강원도 평창(平昌)에서 열렸다.

설상 종목
스키나 스노보드를 타고 눈 덮인 슬로프를 빠르게 내려오면서 速度(속도)와 藝術性(예술성) 등을 겨룬다.
종류 : 알파인 스키, 크로스컨트리 스키, 프리스타일 스키, 스키점프, 스노보드 등
빙상 종목
스케이트를 타고 얼음판에서 速度(속도)나 藝術性(예술성)을 겨루거나, 고무조각이나 돌을 얼음 위에서 미끄러뜨려 끌문이나 표적에 넣는 것을 겨룬다.
종류 : 스피드 스케이팅, 쇼트트랙, 스피드 스케이팅, 피겨 스케이팅, 아이스하키, 컬링 등
슬라이딩 종목
썰매로 얼음 트랙을 빠르게 미끄러져 내려오는 것으로, '썰매 종목'이라고도 한다.
종류 : 봅슬레이(Bobsleigh), 스켈레톤(Skeleton), 루지(Luge) 등

▲ 완성파일 : 동계 올림픽 종목.hwp

학습내용

실습 01 문자 입력하기
실습 02 한자로 변환하기
실습 03 문서 저장하기

❸ **체크포인트**

● 원하는 문자를 입력할 수 있습니다.
● 한글 문자를 한자로 변환할 수 있습니다.
● 작성한 문서를 저장할 수 있습니다.

020

❶ 섹션 설명 : 섹션에서 다룰 내용에 대한 전체적인 개념을 설명합니다. 본문에 대한 이해도를 높이기 위한 코너이므로 꼭 읽어주세요.

❷ 완성파일 미리보기 : 섹션에서 만들어볼 결과를 '핵심 기능'과 함께 미리 보여주어 전체적인 흐름을 잡을 수 있습니다.

❸ 체크포인트 : 섹션에서 배울 내용 중에 액기스만을 모아 한눈에 들어올 수 있도록 간단 명료하게 정돈해 놓았습니다.

실습 01 ❹ **책갈피 지정하기**

▼ 준비파일 : sec16_01_준비.hwp

01 준비파일에서 책갈피를 지정하기 위해 ❶첫 번째 본문인 '부산국제단편영화제는?' 문단 앞에 커서를 클릭합니다.

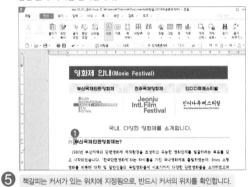

❺ 책갈피는 커서가 있는 위치에 지정됨으로, 반드시 커서의 위치를 확인합니다.

02 메뉴에서 ❶[입력] 탭의 ▼를 클릭한 후 ❷[책갈피]를 선택합니다.

책갈피의 단축 키는 Ctrl + K, B입니다.

163

❹ 실습 : 하나의 섹션에는 하나 이상의 따라하기식 실습 과제가 나타납니다. 실제로 만들어가는 과정을 하나하나 따라해 가다 보면 쉽게 기능을 이해할 수 있을 것입니다.

❺ Tip : 실습을 따라하면서 꼭 기억해 두어야할 핵심 사항이나 주의해야 할 부분, 즉 학생들의 집중적인 질문을 받던 내용들을 수록하여 이해도를 높이도록 해 줍니다.

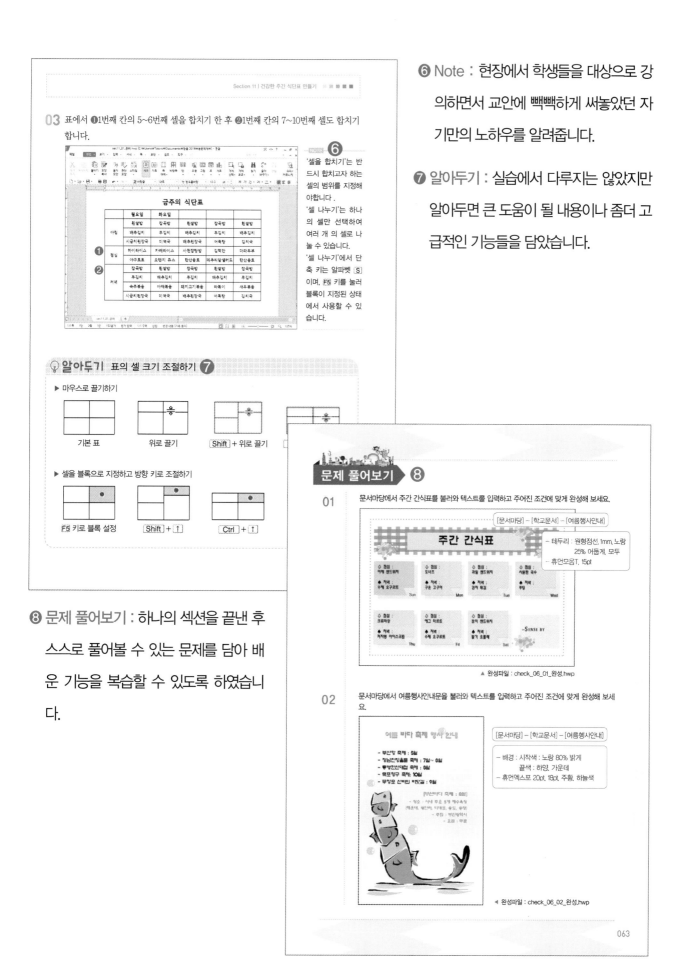

03 표에서 ❶1번째 칸의 5~6번째 셀을 합치기 한 후 ❷1번째 칸의 7~10번째 셀도 합치기 합니다.

NOTE ❻

'셀을 합치기'는 반드시 합치고자 하는 셀의 범위를 지정해야합니다.
'셀 나누기'는 하나의 셀만 선택하여 여러 개의 셀로 나눌 수 있습니다.
'셀 나누기'에서 단축 키는 알파벳 S 이며, F5 키를 눌러 블록이 지정된 상태에서 사용할 수 있습니다.

❻ Note : 현장에서 학생들을 대상으로 강의하면서 교안에 빽빽하게 써놓았던 자기만의 노하우를 알려줍니다.

❼ 알아두기 : 실습에서 다루지는 않았지만 알아두면 큰 도움이 될 내용이나 좀더 고급적인 기능들을 담았습니다.

💡 알아두기 표의 셀 크기 조절하기 ❼

▶ 마우스로 끌기하기

기본 표   위로 끌기   Shift + 위로 끌기

▶ 셀을 블록으로 지정하고 방향 키로 조절하기

F5 키로 블록 설정   Shift + ↑   Ctrl + ↑

❽ 문제 풀어보기 : 하나의 섹션을 끝낸 후 스스로 풀어볼 수 있는 문제를 담아 배운 기능을 복습할 수 있도록 하였습니다.

문제 풀어보기 ❽

01 문서마당에서 주간 간식표를 불러와 텍스트를 입력하고 주어진 조건에 맞게 완성해 보세요.

[문서마당] – [학교문서] – [여름행사안내]

– 테두리 : 원형점선, 1mm, 노랑 25% 어둡게, 모두
– 휴먼모음T, 15pt

▲ 완성파일 : check_06_01_완성.hwp

02 문서마당에서 여름행사안내문을 불러와 텍스트를 입력하고 주어진 조건에 맞게 완성해 보세요.

[문서마당] – [학교문서] – [여름행사안내]

– 배경 : 시작색 : 노랑 80% 밝게
　　　　끝색 : 하양, 가운데
– 휴먼엑스포 20pt, 18pt, 주황, 하늘색

◀ 완성파일 : check_06_02_완성.hwp

01 포털사이트의 주소입력 창에 **"itbook.kyohak.co.kr/sh2018/"** 를 입력한 후 Enter 를 누릅니다.

02 '뉴 마이러브 한글 2018 예제파일을 다운로드하기' 홈페이지가 나타납니다.
[다운로드 클릭]의 이미지를 클릭합니다.

03 홈페이지 하단에 다운로드 안내창이 나타납니다. [저장]의 목록 단추를 클릭하여 [다른 이름으로 저장]을 클릭합니다.

04 [다른 이름으로 저장] 대화상자가 나타나면 저장할 위치를 '바탕 화면'으로 선택한 후 [저장]을 클릭합니다.

05 바탕 화면에 예제파일이 다운로드 되었습니다. 압축 프로그램을 실행하여 다운받은 예제파일의 압축을 풀어줍니다.

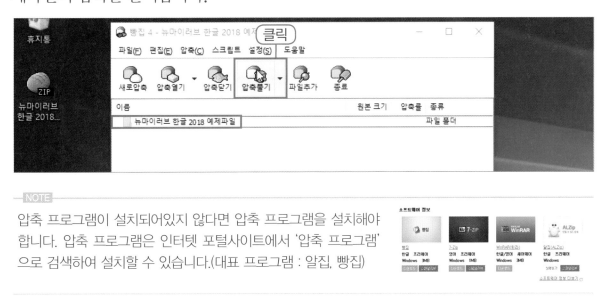

— NOTE —

압축 프로그램이 설치되어있지 않다면 압축 프로그램을 설치해야 합니다. 압축 프로그램은 인터넷 포털사이트에서 '압축 프로그램'으로 검색하여 설치할 수 있습니다.(대표 프로그램 : 알집, 빵집)

06 바탕화면에 예제파일의 압축이 풀렸습니다. 이제 한글 2018을 실행하고 해당 폴더의 파일을 불러와 사용하면 됩니다.

Contents

01 SECTION

한글 2018 시작하기   **010**

실습 01 | 한글 2018 문서 미리보기   **011**

실습 02 | 한글 2018의 새로운 기능 알아보기   **014**

실습 03 | 한글 2018의 화면 구성 보기   **017**

실습 04 | 한글 2018 화면 구성 살펴보기   **018**

02 SECTION

문서 작성하고 저장하기   **020**

실습 01 | 문자 입력하기   **021**

실습 02 | 한자로 변환하기   **023**

실습 03 | 문서 저장하기   **025**

문제 풀어보기

03 SECTION

복사, 이동과 글자 강조하기   **028**

실습 01 | 문서 불러오기   **029**

실습 02 | 복사, 오려두기로 이동하기   **030**

실습 03 | 글자 강조하기   **033**

문제 풀어보기

04 SECTION

글자 서식 지정하기   **036**

실습 01 | 글자 기본 모양 지정하기   **037**

실습 02 | 글자 테두리와 배경 지정하기   **039**

실습 03 | 글자 속성 복사하기   **041**

문제 풀어보기

05 SECTION

문단 서식 지정하기   **044**

실습 01 | 문단 기본 모양 지정하기   **045**

실습 02 | 문단 테두리와 배경 지정하기   **048**

실습 03 | 문단 속성 복사하기   **050**

문제 풀어보기

06
SECTION

문서마당으로 안내장 만들기 · 054

실습 01 | 필요한 문서 열고 편집하기 · 055
실습 02 | 쪽 테두리와 배경 지정하기 · 059
실습 03 | 문서 미리보고 인쇄하기 · 060
문제 풀어보기

07
SECTION

그리기마당으로 초대장 만들기 · 064

실습 01 | 개체 삽입하고 크기 조절하기 · 065
실습 02 | 개체 복사하고 회전하기 · 068
실습 03 | 개체 속성 변경하기 · 073
문제 풀어보기

08
SECTION

그리기 개체로 그림 그리기 · 076

실습 01 | 개체 삽입하고 크기 조절하기 · 077
실습 02 | 개체 복사하고 회전하기 · 080
실습 03 | 개체 속성 변경하기 · 082
문제 풀어보기

09
SECTION

그림에 스타일 지정하기 · 088

실습 01 | 그림 추가하기 · 089
실습 02 | 그림에 여백 지정하기 · 091
실습 03 | 그림 스타일 지정하기 · 095
문제 풀어보기

10
SECTION

표 만들기 · 100

실습 01 | 표 만들기 · 101
실습 02 | 줄/칸 추가와 삭제하기 · 104
실습 03 | 셀 병합과 나누기 · 108
문제 풀어보기

Contents

11 SECTION

건강한 주간 식단표 만들기   112

실습 01 I 줄 삽입하고 병합하기   113

실습 02 I 자동 채우기   116

실습 03 I 셀 속성 지정하기   118

문제 풀어보기

12 SECTION

차트 만들기   122

실습 01 I 표로 차트 만들기   123

실습 02 I 차트 디자인 변경하기   125

실습 03 I 차트 데이터 변경하기   128

문제 풀어보기

13 SECTION

차트로 현황 비교하기   132

실습 01 I 차트 줄/칸 전환하기   133

실습 02 I 차트 데이터 편집하기   136

실습 03 I 차트 영역 속성 지정하기   138

문제 풀어보기

14 SECTION

다단으로 리플렛 만들기   142

실습 01 I 편집 용지 설정하기   143

실습 02 I 다단 만들고 구분하기   144

실습 03 I 개체 삽입하고 편집하기   146

문제 풀어보기

15 SECTION

바탕쪽으로 안내서 만들기   152

실습 01 I 바탕쪽 만들기   153

실습 02 I 바탕쪽에 개체 삽입하기   155

실습 03 I 바탕쪽 확인하기   159

문제 풀어보기

16 SECTION

책갈피에 하이퍼링크 연결하기 **162**

실습 01 ㅣ 책갈피 지정하기 **163**

실습 02 ㅣ 책갈피 연결 확인하기 **167**

실습 03 ㅣ 책갈피에 하이퍼링크 연결하기 **168**

문제 풀어보기

17 SECTION

문서 차례 만들기 **172**

실습 01 ㅣ 문단 번호 지정하기 **173**

실습 02 ㅣ 문단 번호 수준 정하기 **176**

실습 03 ㅣ 본문 차례 만들기 **178**

문제 풀어보기

18 SECTION

메일 머지 만들기 **184**

실습 01 ㅣ 스크립트 매크로로 제목 지정하기 **185**

실습 02 ㅣ 메일 머지 명단 만들기 **188**

실습 03 ㅣ 메일 머지 만들기 **189**

문제 풀어보기

01

SECTION

한글 2018 시작하기

한글 2018은 개선된 사용자 인터페이스와 강력해진 편집 기능을 통해 보다 간편하고 신속하게 문서 편집 작업을 수행할 수 있습니다. 새로운 프레임의 기본적인 사용 방법은 이전 프로그램을 따르고 있기 때문에 계속해서 한글을 사용해온 기존 사용자도 새로워진 한글 2018을 손쉽게 사용할 수 있습니다. 한글 2018의 실행과 종료, 화면 구성 및 새로운 기능을 알아보겠습니다.

PREVIEW

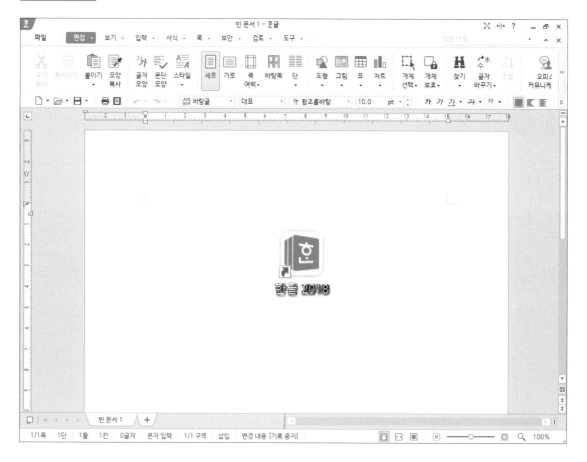

학습내용

실습 01 한글 2018 문서 미리보기

실습 02 한글 2018의 새로운 기능 알아보기

실습 03 한글 2018의 화면 구성보기

한글 2018 문서 미리보기

01 문서 마당을 이용하여 안내장이나 초청장을 만들 수 있습니다.

02 그리기 개체로 그림을 그리거나 그리기 마당으로 문서를 꾸밀 수 있습니다.

03 표를 이용하여 필요한 화면이나 목록 표를 만들 수 있습니다.

냉동실

품 목	수량	저장날짜	사용날짜	용 도

냉장실

품 목	수량	저장날짜	사용날짜	용 도

04 간단한 계산식이 있는 문서를 쉽게 만들고 차트로 표현할 수 있습니다.

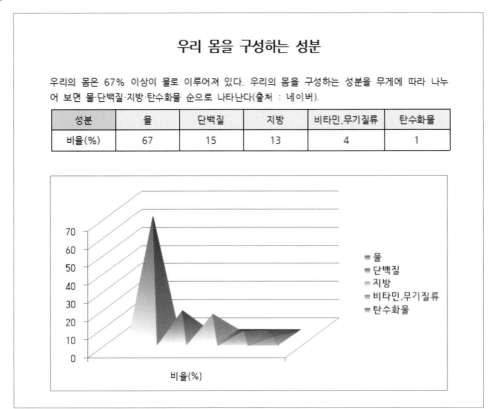

우리 몸을 구성하는 성분

우리의 몸은 67% 이상이 물로 이루어져 있다. 우리의 몸을 구성하는 성분을 무게에 따라 나누어 보면 물·단백질·지방·탄수화물 순으로 나타난다(출처 : 네이버).

성분	물	단백질	지방	비타민.무기질류	탄수화물
비율(%)	67	15	13	4	1

05 다단으로 안내 리플렛을 만들 수 있습니다.

06 차례가 있는 문서를 만들 수 있습니다.

• 개선된 사용자 인터페이스 •

〉〉 문서 시작 도우미

최근 작업 중인 문서 목록에서 필요한 문서를 선택하여 즉시 편집할 수 있습니다. 서식 문서의 썸네일 이미지는 사용자 의도에 맞게 문서를 만드는데 도움을 줍니다. 또한, 넷피스 24는 인터넷으로 연결하여 원하는 문서를 바로 불러올 수도 있습니다.

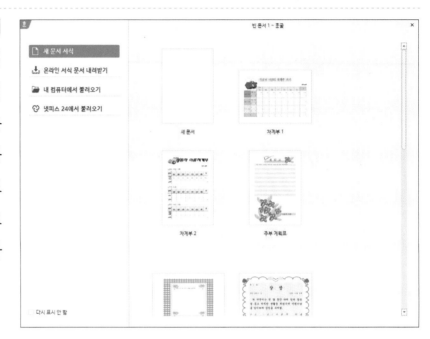

〉〉 사용자 스킨 설정

사용자가 원하는 색상으로 프로그램 스킨을 변경하거나 특정 그림을 스킨에 적용할 수 있습니다.

[도구] – [스킨 설정]에서 원하는 스킨을 설정할 수 있습니다.

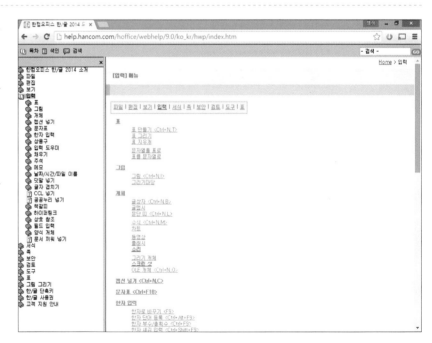

• 강력한 편집 기능 •

〉〉온라인에서 서식 및 글꼴 내려받기

한컴 애셋 기능은 온라인
에서 다양한 범주의 문서
서식, 클립아트 또는 글꼴
을 내려받을 수 있습니다.
서식 범주를 직접 선택하
거나 검색어를 입력하여
원하는 콘텐츠를 찾을 수
있습니다. [도구]-[한컴
애셋]에서 [서식]은 필요한
서식을 다운로드할 수 있습니다.

〉〉실시간 사전 검색

문서 작성 중, 필요한 다른
나라의 언어를 찾는일은
매우 번거로운 일입니다.
한컴 사전은 중국어사전,
한영엣센스, 영한엣센스,
한글유의어사전, 영어유의
어사전, 영중사전, 중영사
전뿐만 아니라 한일사전,
일한사전이 있습니다.
사전 검색은 F12를 눌러
[한컴 사전]에서 사용할 수
있습니다.

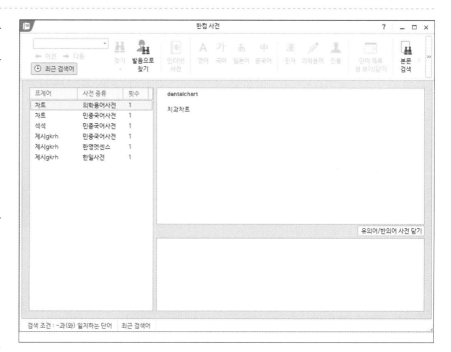

〉〉 편리한 논문 및 보고서 작성 기능

한글은 논문 또는 보고서처럼 인용 내용이 포함된 문서를 작성할 때 참고 문헌 정보를 쉽고 간편하게 추가할 수 있습니다.

다양한 분야에서 사용되는 APA, Chicago, IEEE, ISO와 같은 인용 스타일을 제공합니다.

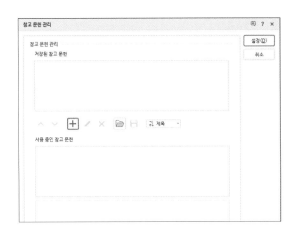

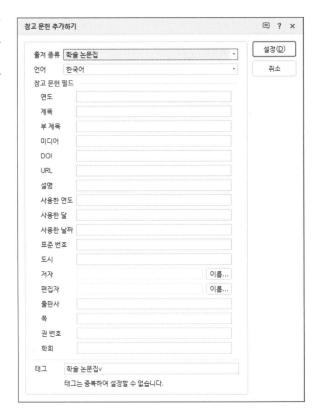

〉〉 차트 기능 강화 및 디자인 개선

신속하고 편리하게 차트의 종류, 레이아웃 및 구성 요소를 변경하고 차트에 다양한 효과를 적용할 수 있습니다. [차트 디자인] 탭은 차트를 입력하고 편집하는 데 필요한 기능들을 아이콘 모양으로 만들어 모아 놓은 곳입니다. [차트 디자인] 탭을 이용하면 차트 종류, 축, 범례 등을 속성을 바꿀 수 있습니다.

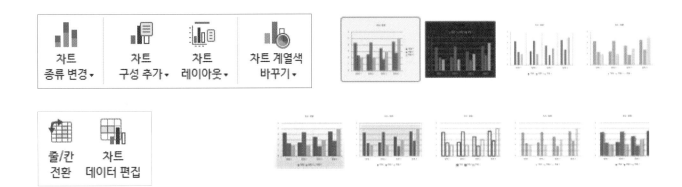

01 바탕화면의 🔳(한글 2018)을 더블클릭합니다.

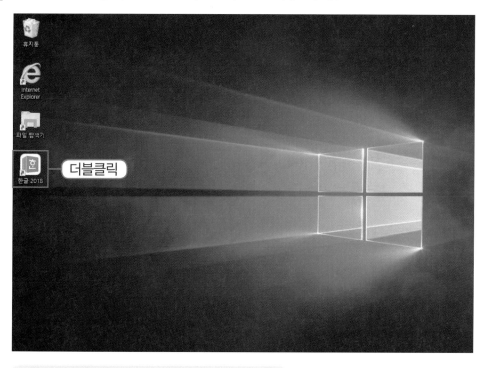

문서 저장은 단축키 [Ctrl]+[S]를 사용합니다.

02 한글 2018을 종료하려면 [파일] - [끝]을 클릭합니다.

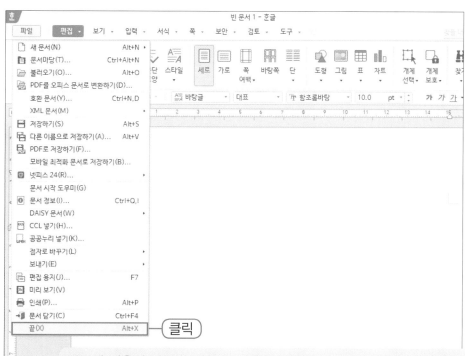

본문에 내용이 있으면 저장 여부를 확인하는 메시지 창이 나타납니다. 이 때, [저장]을 클릭하면 저장 후 종료, [저장 안 함]을 클릭하면 저장하지 않고 종료, [취소]를 클릭하면 종료를 취소합니다.

실습 04 한글 2018 화면 구성 살펴보기

한글 2018의 화면 구성은 크게 메뉴 표시줄과 열림 상자를 표시하는 탭이 있으며 각각의 메뉴 탭을 선택하면 도구 모음이 나타납니다. 기본적인 화면 구성과 각 도구의 명칭 및 기능을 알아봅니다.

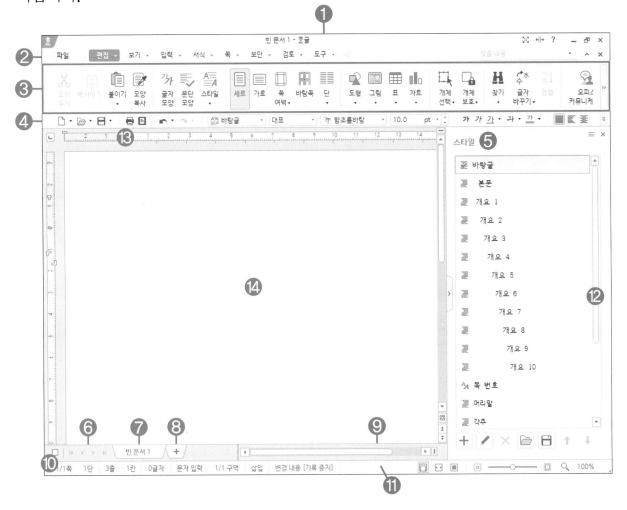

❶ 제목 표시줄 : 현재 작업 중인 문서의 경로와 파일 이름을 표시하며 제어 아이콘과 창 조절 단추가 있습니다.

❷ 메뉴 표시줄 : 한글 2018에서 제공하는 모든 기능이 줄 단위로 표시되어 있으며 해당 메뉴의 목록 단추를 클릭하면 하위 메뉴가 나타납니다.

❸ 기본도구상자 : 각 메뉴에서 자주 사용하는 기능을 그룹별로 묶어 메뉴 탭을 클릭하면 선택한 기능이 열림 상자 형식으로 나타납니다.

❹ 서식도구상자 : 문서를 작성할 때 자주 사용하는 기능을 모아 아이콘으로 묶어 놓은 곳입니다.

❺ 작업 창 : [보기] − [작업 창] − [스타일]에서 볼 수 있으며 보이기/감추기 상태를 정하거나 위치를 이동할 수 있습니다. 한글에서는 11개의 작업 창이 제공되며 작업 창을 활용하면 문서 편집 시간을 줄이고 작업 속도를 높이는 등 효율적인 문서 작업을 수행할 수 있습니다.

❻ 탭 이동 아이콘 : 여러 개의 탭이 열려 있을 때 이전 탭/다음 탭으로 이동합니다.

❼ 문서 탭 : 작성 중인 문서와 파일명을 표시하며 저장하지 않은 문서는 빨간색, 자동 저장된 문서는 파란색, 저장 완료된 문서는 검은색으로 표시됩니다.

❽ 새 탭 : 문서에 새 탭을 추가합니다.

❾ 가로 이동 막대 : 문서 내용 화면이 편집 화면보다 클 때 화면을 가로로 이동합니다.

❿ 쪽 이동 아이콘 : 작성 중인 문서가 여러 장일 때 쪽 단위로 이동합니다.

⓫ 상한선 : 커서가 있는 위치의 쪽 수/단 수, 줄 수 /칸 수, 구역 수, 삽입/수정 등 정보를 확인할 수 있습니다. [보기]–[문서 창]에서 선택하여 보이게 하거나 보이지 않게 할 수 있습니다.

⓬ 세로 이동 막대 : 문서 내용 화면이 편집 화면보다 클 때 화면을 세로로 이동합니다.

⓭ 눈금자 : 가로, 세로 눈금자가 있으며 이동과 세밀한 작업을 할 때 편리합니다.

⓮ 편집 창 : 작업 공간으로 글자나 그림과 같은 내용을 넣고 꾸미는 곳입니다.

02

SECTION

문서 작성하고 저장하기

한글 2018 프로그램을 통해 문자를 입력하고 저장하는 방법을 알아봅니다. 키보드를 통해 문자를 입력하거나 키보드로 입력할 수 없는 특수문자를 입력할 수 있으며, 한글을 한자로 변환하는 방법도 알아봅니다.

PREVIEW

■ 동계 올림픽 종목
동계 올림픽은 4년마다 개최되는 겨울 스포츠 종합 국제 대회이다. 1924년에 프랑스 샤모니에서 제1회가 개최되었고, 2018년 제23회가 우리나라 강원도 평창(平昌)에서 열렸다.

설상 종목
스키나 스노보드를 타고 눈 덮인 슬로프를 빠르게 내려오면서 速度(속도)와 藝術性(예술성) 등을 겨룬다.
종류 : 알파인 스키, 크로스컨트리 스키, 프리스타일 스키, 스키점프, 스노보드 등
빙상 종목
스케이트를 타고 얼음판에서 速度(속도)나 藝術性(예술성)을 겨루거나, 고무조각이나 돌을 얼음 위에서 미끄러뜨려 골문이나 표적에 넣는 것을 겨룬다.
종류 : 스피드 스케이팅, 쇼트트랙, 스피드 스케이팅, 피겨 스케이팅, 아이스하키, 컬링 등
슬라이딩 종목
썰매로 얼음 트랙을 빠르게 미끄러져 내려오는 것으로, '썰매 종목'이라고도 한다.
종류 : 봅슬레이(Bobsleigh), 스켈레톤(Skeleton), 루지(Luge) 등

▲ 완성파일 : 동계 올림픽 종목.hwp

학습내용

실습 01 문자 입력하기

실습 02 한자로 변환하기

실습 03 문서 저장하기

체크포인트

● 원하는 문자를 입력할 수 있습니다.

● 한글 문자를 한자로 변환할 수 있습니다.

● 작성한 문서를 저장할 수 있습니다.

실습 01 문자 입력하기

· 한글 입력하기 ·

01 한글 2018을 실행하고 '본문예제_준비' 폴더에서 '동계 올림픽 종목.hwp'을 불러옵니다.

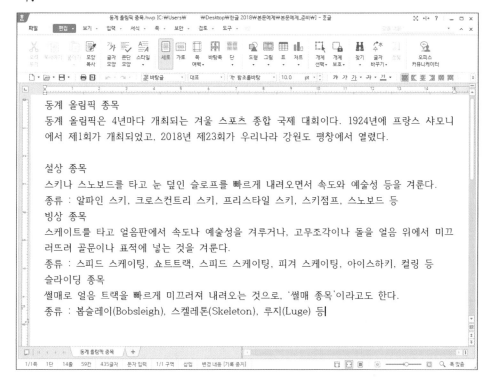

02 특수 문자를 입력하기 위해 ❶'동계' 앞에 커서를 위치시킨 후 ❷[입력] 탭의 ▼를 누른 후 ❸[문자표]를 선택합니다.

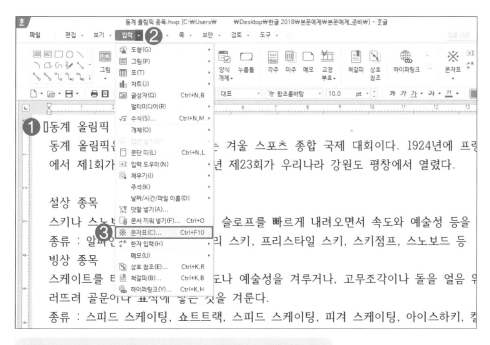

한글 문서에서 문자표의 단축 키는 Ctrl + F10 입니다.

• 특수문자 입력하기 •

01 문자표에서 '한글(HNC) 문자표'를 선택합니다. 왼쪽의 문자 영역에서 ❶'전각 기호(일반)'를 클릭하고 ❷문자 선택에서 '■'를 선택한 후 ❸[넣기]를 클릭합니다.

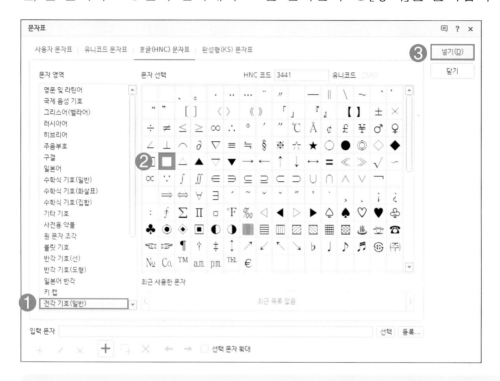

여러 개의 문자 입력은 문자를 클릭하고 표 아래의 [선택]을 반복한 후 [넣기]를 클릭합니다.

02 다음과 같이 커서를 이동하여 원하는 위치에 문자표를 사용하여 다양한 문자를 입력합니다.

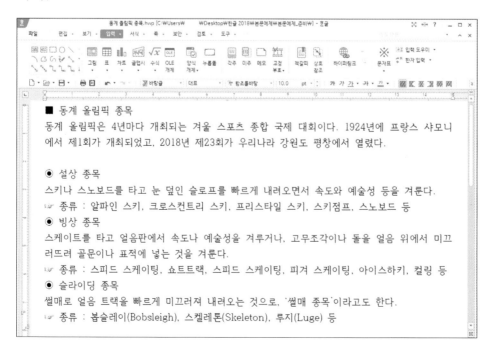

한자로 변환하기

• 한글을 한자로 변환하기 •

01 본문에서 한글을 한자로 변환하기 위해 ❶'평창' 단어 뒤에 커서를 위치합니다.
❷[입력] 탭의 ▼를 클릭하여 ❸[한자 입력]을 선택하고 ❹[한자로 바꾸기]를 클릭합니다.

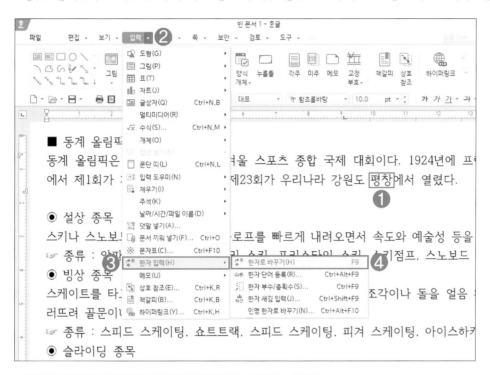

한자 변환은 키보드의 [한자]나 F9를 사용할 수 있습니다.

02 [한자로 바꾸기] 대화상자의 한자 목록에서 ❶'평창'에 해당하는 한자를 클릭하고
❷입력 형식으로 '한글(漢字)'를 선택한 다음 ❸[바꾸기]를 클릭합니다.

03 다음과 같이 '평창'이 '평창(平昌)'으로 바뀝니다.

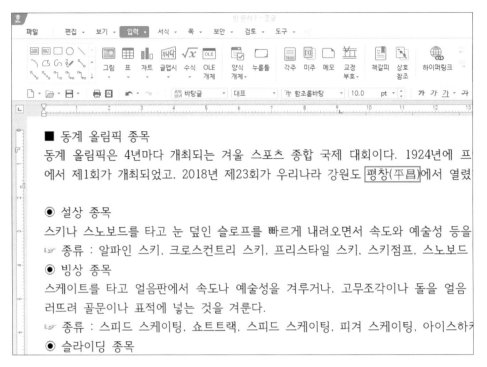

04 본문에서 '속도'와 '예술성'을 '漢字(한글)' 형식으로 변환해 보세요.

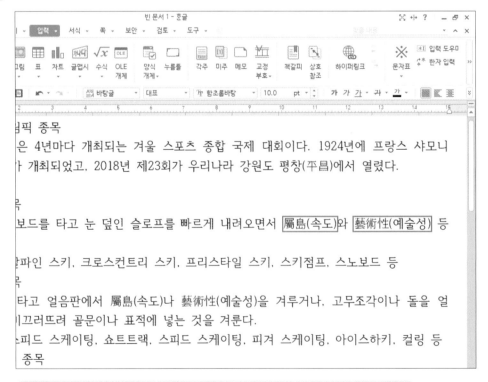

[한자로 바꾸기] 대화상자에서 입력 형식을 '漢字(한글)'로 선택합니다.

문서 저장하기

• 작성한 문서 저장하기 •

01 문서를 저장하기 위해 ❶[파일] 탭을 클릭하여 ❷[저장하기]를 선택합니다.

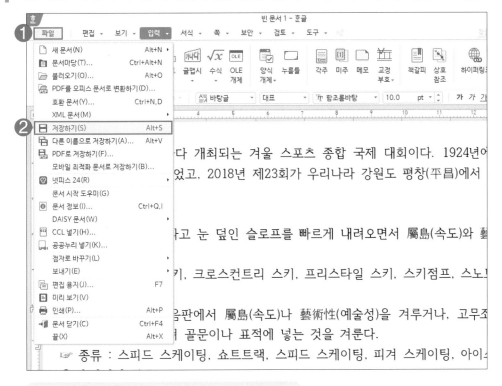

문서 저장은 단축키 Ctrl + S 를 사용합니다.

02 [다른 이름으로 저장하기] 대화상자가 나타납니다. 새로운 폴더를 만들기 위해
❶[새 폴더]를 선택하여 ❷새로운 폴더의 이름을 입력하고 ❸[열기]를 클릭합니다.

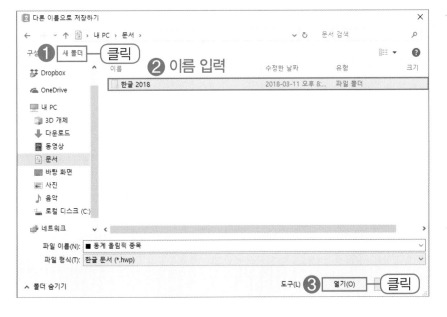

NOTE

처음 저장하는 문서는 이름이 없기 때문에 다른 이름으로 저장이 됩니다. 한 번 저장된 문서를 다시 저장하면 기존의 문서의 내용은 없어지고 마지막에 저장된 문서 내용이 남습니다.

03 [다른 이름으로 저장하기] 대화상자에서 저장 위치가 새로 만든 '한글 2018' 폴더로 바뀌면 파일 이름을 확인하고 [저장]을 클릭합니다.

저장하기에서 파일 이름을 따로 지정하지 않으면 첫 문장이 파일명으로 자동 입력되며, 입력시 파일의 확장자는 자동으로 *.hwp가 됩니다.

04 문서가 저장되면 제목 표시줄과 문서 탭에 저장한 파일 이름이 표시됩니다.

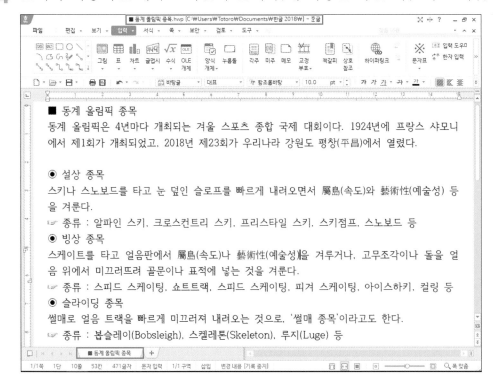

01 다음과 같은 영어 노래가사를 입력한 후 특수문자를 삽입해 보세요.

> ◉ Let it go
>
> ************************************** <겨울왕국 OST>
>
> ♫ Let it go, let it go
> Can't hold it back anymore
>
> ♫ Let it go, let it go
> Turn away and slam the door
>
> I don't care what they're going to say
> Let the storm rage on
> The cold never bothered me anyway

▲ 완성파일 : check_02_01_완성.hwp

힌트 특수문자는 키보드 키나 [한글 문자표]의 전각기호(일반)을 사용합니다.

02 우리나라의 24절기를 입력한 후 한글을 한자로 변환해 보세요.

> ■ 우리나라 24절기
>
> Ⅰ. 봄 절기
>   ※ 입춘(立春) 우수(雨水) 경칩(驚蟄) 춘분(春分) 청명(淸明) 곡우(穀雨)
>
> Ⅱ. 여름 절기
>   ※ 立夏(입하) 小滿(소만) 芒種(망종) 夏至(하지) 小暑(소서) 大暑(대서)
>
> Ⅲ. 가을 절기
>   ※ 입추(立秋) 처서(處暑) 백로(白露) 추분(秋分) 한로(寒露) 상강(霜降)
>
> Ⅳ. 겨울 절기
>   ※ 立冬(입동) 小雪(소설) 大雪(대설) 冬至(동지) 小寒(소한) 大寒(대한)

▲ 완성파일 : check_02_02_완성.hwp

힌트 한자 변환은 키보드의 한자, F9를 사용하거나 [입력] – [한자 입력]을 사용합니다.
특수 기호인 로마자는 [한글 문자표]의 전각기호(로마자)를 사용합니다.

03

SECTION

복사, 이동과
글자 강조하기

한글 2018에서 한글 파일을 불러와 본문 내용에서 반복되는 문단을 복사하여 원하는 위치에 붙이거나 잘라내어 이동하는 방법을 알아봅니다. 또한 작업 문서의 본문에서 문단의 첫 글자를 강조하기 위해 첫 글자를 장식하거나 수정하는 방법도 알아봅니다.

PREVIEW

■ 동계 올림픽 종목
동계 올림픽은 4년마다 개최되는 겨울 스포츠 종합 국제 대회이다. 1924년에 프랑스 샤모니에서 제1회가 개최되었고, 2018년 제23회가 우리나라 강원도 평창(平昌)에서 열렸다.
설상 종목, 빙상 종목, 슬라이딩 종목으로 구분하며, 2018년 제23회 평창 동계올림픽을 기준으로 설상 종목 7가지, 빙상 종목 5가지, 슬라이딩 종목 3가지로 총 15개 종목으로 구성

◉ 설상 종목
스ㅣ 키나 스노보드를 타고 눈 덮인 슬로프를 빠르게 내려오면서 屬島(속도)와 藝術性(예술성) 등을 겨룬다.
☞ 종류 : 알파인 스키, 크로스컨트리 스키, 프리스타일 스키, 스키점프, 스노보드 등
◉ 빙상 종목
스ㅣ 케이트를 타고 얼음판에서 屬島(속도)나 藝術性(예술성)을 겨루거나, 고무조각이나 돌을 얼음 위에서 미끄러뜨려 골문이나 표적에 넣는 것을 겨룬다.
☞ 종류 : 스피드 스케이팅, 쇼트트랙, 스피드 스케이팅, 피겨 스케이팅, 아이스하키, 컬링 등
◉ 슬라이딩 종목
썰 매로 얼음 트랙을 빠르게 미끄러져 내려오는 것으로, '썰매 종목'이라고도 한다.
☞ 종류 : 봅슬레이(Bobsleigh), 스켈레톤(Skeleton), 루지(Luge) 등

▲ 완성파일 : sec03_01_완성.hwp

학습내용

실습 01 문서 불러오기

실습 02 복사, 오려두기로 이동하기

실습 03 글자 강조하기

체크포인트

● 문서에서 저장한 파일을 열 수 있습니다.

● 글자를 복사나 오려두기로 이동할 수 있습니다.

● 문단의 첫 글자나 특정 글자를 강조할 수 있습니다.

실습 01 문서 불러오기

· 저장한 문서 불러오기 ·

01 한글 2018을 실행한 다음 저장된 파일을 열기 위해 기본도구상자의 ❶[파일]을 클릭하고 ❷[불러오기]를 선택합니다.

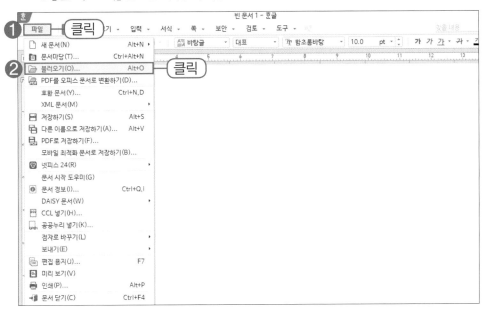

문서 불러오기는 단축키 [Alt]+[O]를 사용합니다.

02 [불러오기] 대화상자에서 찾는 위치 폴더를 '한글 2018'에서 ❶'■ 동계 올림픽 종목.hwp'를 선택하고 ❷[열기]를 클릭합니다.

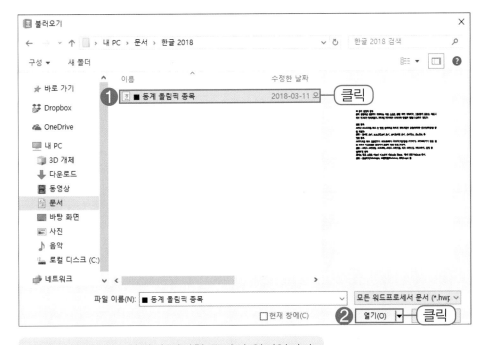

찾는 위치 폴더는 앞에서 저장한 폴더의 위치입니다.

복사, 오려두기로 이동하기

• 복사하기와 붙여넣기 •

01 문서에서 첫줄을 복사하기 위해 ❶첫 줄의 제목을 마우스로 드래그하여 블록을 설정하고 ❷[편집] 탭의 클립보드에서 [복사하기]를 선택합니다.

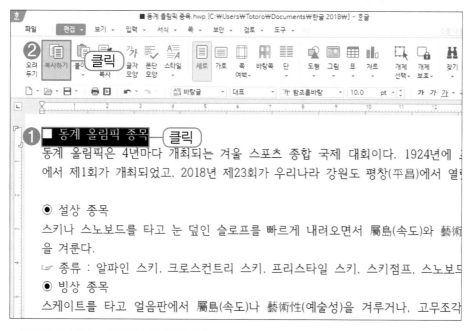

복사하기 단축키는 Ctrl + C 입니다.

02 복사한 내용을 붙이기 위해 커서를 화면 아래로 이동합니다. ❶복사할 위치를 클릭하고 ❷[편집] 탭의 클립보드에서 [붙이기]를 선택합니다.

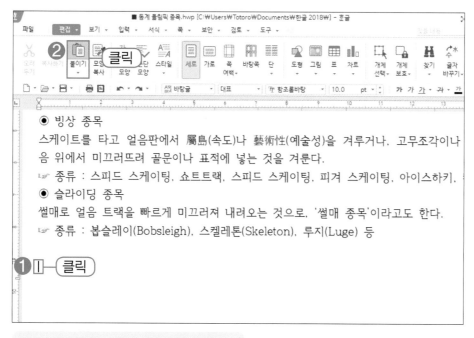

붙이기 단축키는 Ctrl + V 입니다.

03 다음과 같이 복사된 제목글이 나타납니다. 커서를 아래로 이동한 다음 내용을 추가하여 입력합니다.

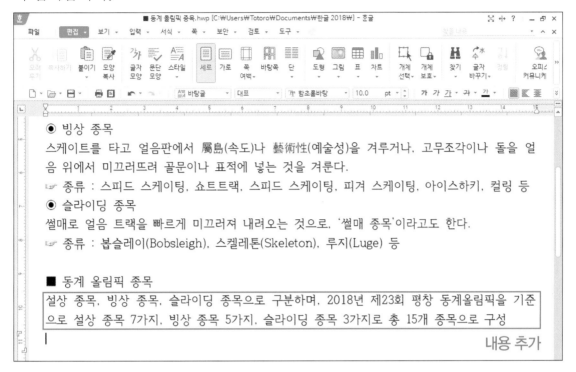

• 오려두기와 붙이기 •

01 이번에는 추가한 내용만 잘라서 이동합니다. ❶내용을 블록 설정하고 ❷[편집] 탭의 클립보드에서 [오려두기]를 선택합니다.

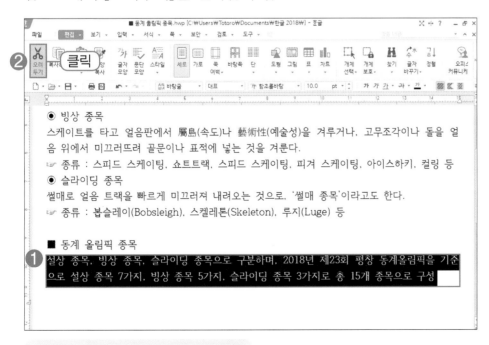

오려두기 단축키는 Ctrl + X 입니다.

02 오려두기한 내용을 붙이기 위해 커서를 화면 위로 이동합니다. ❶붙이기할 위치를 클릭하고 ❷[편집] 탭의 클립보드에서 [붙이기]를 선택합니다.

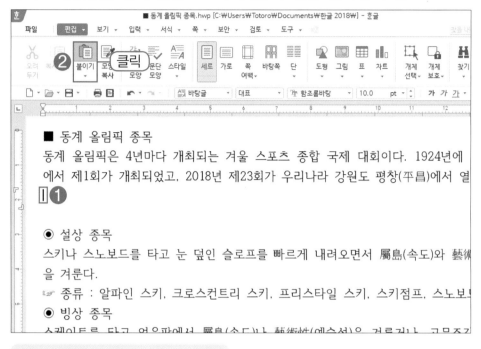

붙이기 단축키는 Ctrl + V 입니다.

03 다음과 같이 오려두기한 내용이 원하는 위치로 이동되었습니다.

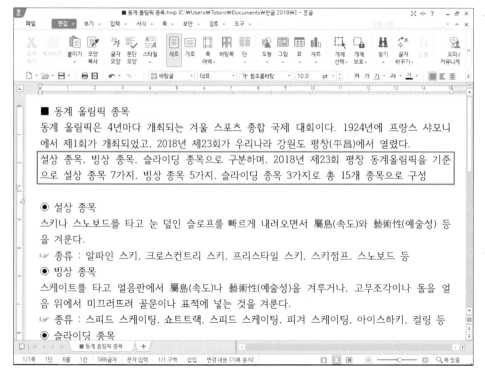

NOTE

현재 작업한 내용을 취소하려면 서식도구상자에서 [되돌리기]나 [다시 실행하기]를 선택합니다. 단축키는 각각
Ctrl + Z 와
Ctrl + Shift + Z
입니다.

• 문단 첫 글자 장식하기 •

01 문단의 첫 글자를 장식하기 위해 ❶'설상 종목'의 '스키나' 뒤에 커서를 이동하고 ❷[서식] 탭의 ▼를 클릭한 다음 ❸[문단 첫 글자 장식]을 선택합니다.

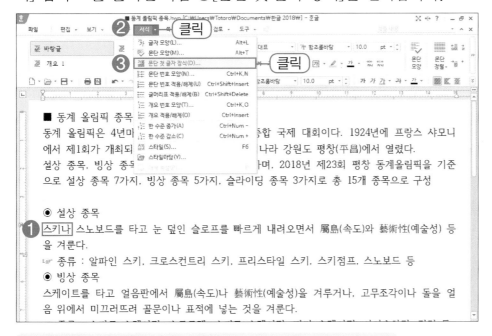

커서의 위치는 첫 글자인 '스'의 앞이나 뒤에 두어도 가능합니다.

02 [문단 첫 글자 장식] 대화상자가 나타납니다. ❶모양에서 '2줄(2)'를 선택하고 ❷글꼴은 '맑은 고딕' ❸면 색은 '주황 80% 밝게'를 선택한 다음 ❹[설정]을 클릭합니다.

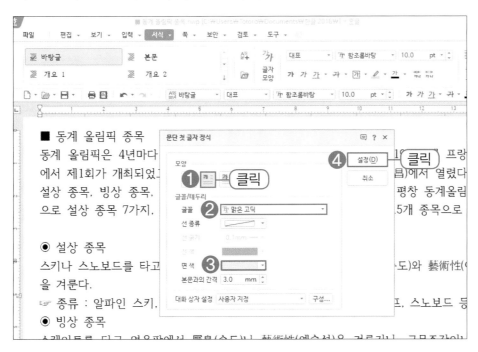

03 이번에는 글자를 강조하기 위해 본문 내용에서 ❶'프리스타일 스키'를 블록 지정한 다음 ❷[서식] 탭의 클립보드에서 [형광펜] 메뉴를 클릭하고 ❸원하는 색상을 선택합니다.

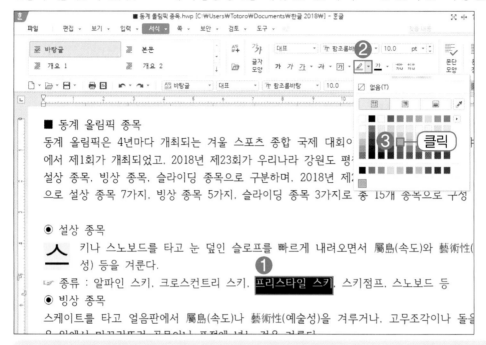

형광펜 기능은 블록을 먼저 지정하고 형광펜에서 색을 선택하거나, 색과 형광펜을 선택한 다음 마우스가 펜 모양으로 바뀌면 내용을 드래그할 수도 있습니다.

04 블록으로 지정한 내용이 형광펜으로 표시됩니다. 다음과 같이 첫 글자 장식과 형광펜 기능을 활용하여 문서를 장식합니다.

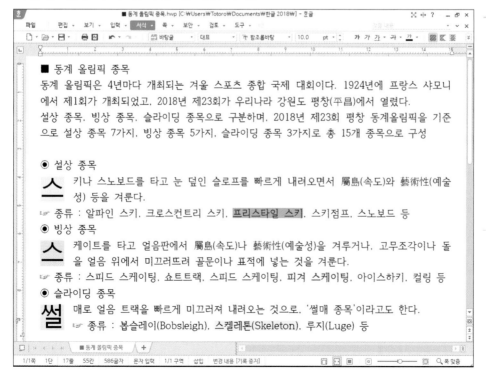

NOTE

문단 첫 글자를 수정하는 방법은 장식한 첫 글자에서 마우스 오른쪽 버튼을 클릭한 다음 [개체 속성]을 클릭하거나 단축키 Ctrl + N + K를 사용합니다.

01 준비파일에서 다음과 같이 내용의 첫 글자를 강조해 보세요.

《보노보노》(ぼのぼの)

일본 만화가인 이가라시 미키오의 작품으로 1986년 연재를 시작해 지금까지 연재
한국의 정식 라이센스판은 서울문화사에서 2009년부터 2011년까지 총 26권을 냈으며,
북스에서 판권을 새로 구입해 2017년 5월부터 발간. 일본에서는 42권까지 나왔다.

 노보노: 이 작품의 주인공으로 일반적인 어린아이의 시점을 가진 귀여운 아기
힘없이 느릿느릿한 말투가 특징이며 항상 느릿느릿해서 너부리의 놀림 대상
다. 거의 엉뚱한 방향으로 가곤 하지만 일반인을 뛰어넘는 심오한 사고력과 능력을
가지고 있다.

너 부리(아라이구마): 아메리카너구리이다. 보노보노와 포로리의 친구.
보노보노와 포로리에게 항상 심술쟁이처럼 행동하지만 사실은 보노보노와 포로리
를 생각하고 있다.

포 로리(시마리스): 보노보노의 친구인 아기다람쥐.
항상 너부리에게 맞고 다닌다. 너부리를 놀린 후 "때릴 거야?(이지메루?)" 하고 고
개를 옆으로 기울이며 물어본다.

[출처 : 위키백과]

- 모양: 3줄
- 글꼴 : 양재난초체M
- 실선, 0.2mm
- 보라 80% 밝게,
  노랑 80% 밝게,
  초록 80% 밝게

▲ 준비파일 : check_03_01_준비.hwp / 완성파일 : check_03_01_완성.hwp

02 준비파일에서 다음과 같이 내용의 첫 글자를 강조해 보세요.

■ 창덕궁 달빛기행

- 위   치: 서울특별시 종로구 율곡로 99 (와룡동)
- 행사장소: 창덕궁 일대
- 연 락 처: 02-2270-1233, 1238
- 홈페이지: http://www.chf.or.kr

창 덕궁에서는 2018년 4월부터 10월까지 <2018 창덕궁 달빛 기행> 행사를 진행한다.
창덕궁 달빛 기행은 살아 숨쉬는 궁궐 만들기 일환으로 특별한 시간대에 궁궐에서
특별한 경험을 체험할 수 있는 행사이다. 밤 8시에 창덕궁 정문인 돈화문으로 들어
가서 인정전,낙선재 후원을 돌아 나오며 약 2시간이 소요된다.

창 덕궁은 태종 이방원이 지은 이궁으로 창경궁과 더불어 동궐이라 불렀다. 임진왜란
후 광해군은 불에 타버린 경복궁 대신하여 법궁으로 삼으면서 창덕궁은 조선의 주
요 무대가 되었다. 비단 창덕궁은 그 역사적 가치뿐만 아니라 자연 경관을 배경으
로 한 건축과 조경의 예술적 가치가 뛰어나 한국 전통건축 및 조경의 정수로도 손
꼽힌다. 자연의 순리를 존중하여 자연과 인간의 조화를 중시하는 우리 문화의 특성
을 빼어나게 표출한 창덕궁은 1997년 유네스코 세계유산에 등재되면서 세계인에게
사랑받는 인류 공동의 유산이 되었다.

[출처: 대한민국 구석구석]

- 모양: 여백
- 선없음
- 하늘색 80% 밝게,
  주황 80% 밝게

▲ 준비파일 : check_03_02_준비.hwp / 완성파일 : check_03_02_완성.hwp

04 글자 서식 지정하기

SECTION

한글 2018에서 문서의 사용에 따라 글꼴, 글자색, 글자 테두리, 글자 배경색 등을 지정하는 방법을 알아봅니다. 특정 글자에 지정된 글자 모양을 복사하여 다른 글자에 지정하는 방법도 알아봅니다.

PREVIEW

동물등록제는 사랑의 끈입니다.

동물등록제는 2014년 1월 1일부터 개를 소유한 사람은 전국 시·군·구청에 반드시 동물등록을 해야 하며, 등록하지 않을 경우 40만원 이하의 과태료가 부과됩니다.

◆ <u>동물등록방법은?</u>
① 내장형 무선식별장치 개체 ② 삽입 외장형 무선식별장치 부착 ③ 등록인식표 부착

◆ <u>동물등록은 왜 해야하나요?</u>
반려동물을 잃어버렸을 때 동물등록정보를 통해 소유자를 쉽게 찾을 수 있으며, 외출 할때는 소유자의 **성명, 전화번호, 동물등록번호가** 표시된 인식표를 착용시켜 주세요.

◆ <u>마이크로칩은 안전한가요?</u>
동물등록에 사용되는 마이크로칩(RFID, 무선전자개체식별장치)은 체내 이물 반응이 없는 재질로 코딩된 쌀알만한 크기의 동물용의료기기로, 동물용의료기기 기준규격과 국제규격에 적합한 제품만 사용되고 있습니다. [출처] 동물보호관리시스템(www.animal.go.kr)

▲ 완성파일 : sec04_01_완성.hwp

학습내용

실습 01 글자 기본 모양 지정하기

실습 02 글자 테두리와 배경 지정하기

실습 03 글자 속성 복사하기

체크포인트

● 글자 모양이나 크기, 색 등을 변경할 수 있습니다.

● 글자에 테두리나 배경색을 지정할 수 있습니다.

● 글자 속성을 복사하여 다른 글자에 지정할 수 있습니다.

실습 01 글자 기본 모양 지정하기

▼ 준비파일 : sec04_01_준비.hwp

• 글자 모양 지정하기 •

01 준비파일을 열어 ❶본문의 첫째 줄을 블록 지정하고 ❷[편집] 탭에서 [글자 모양]을 선택합니다.

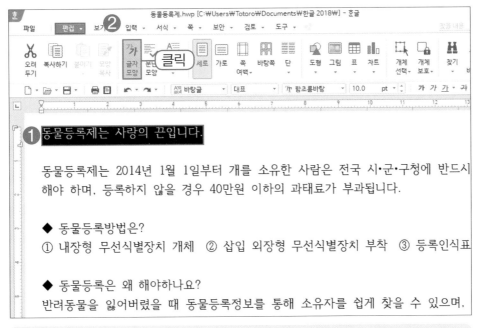

단어 선택은 '더블클릭', 문단 선택은 '세번 클릭'으로 블록을 저장할 수 있습니다.

02 [글자 모양] 대화상자의 [기본] 탭에서 ❶글자 크기를 '15' ❷글꼴을 'MD이솝체' ❸글자 색을 '보라'로 선택하고 ❹[설정]을 클릭합니다.

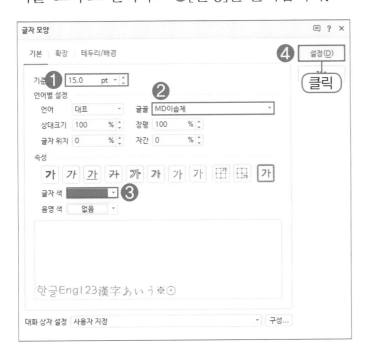

NOTE

글자 모양을 지정한 후 결과는 '미리 보기' 화면에서 확인할 수 있습니다. 설정된 글자 모양은 속성에서 [보통 모양]을 선택하면 모두 취소됩니다.

글자 모양 단축키는 Alt + L 입니다.

03 이번에는 ❶'동물등록제는' 단어를 블록 설정하고, 서식도구 상자에서 ❷글꼴은 'MD이
솝체' ❸속성은 '진하게' ❹글자색은 '파랑'을 선택합니다.

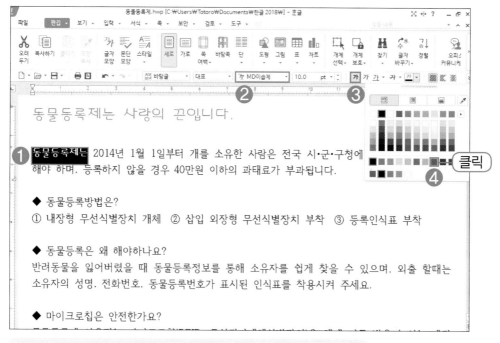

글꼴과 글자색은 펼침 목록을 클릭하여 목록에서 선택합니다.

04 새로 지정된 글자 모양을 확인합니다. 글자 모양 수정은 다시 블록 지정을 한 후 [글자
모양] 대화상자나 서식도구 상자에서 다시 수정합니다.

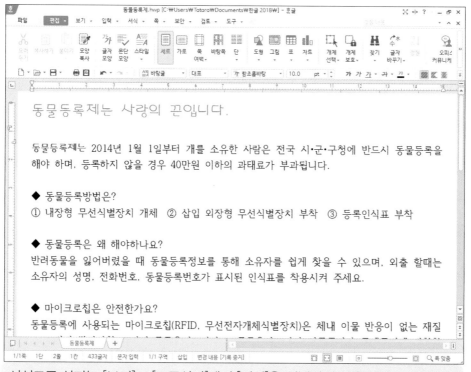

서식도구 상자는 [보기] - [도구상자]에서 [서식]을 선택하면 사용할 수 있습니다.

실습 02 글자 테두리와 배경 지정하기

• 글자 테두리 지정하기 •

01 글자 모양을 변경하기 위해 본문의 소제목인 ❶'동물등록방법은?'을 블록 지정한 후 ❷[편집] 탭에서 [글자 모양]을 선택합니다.

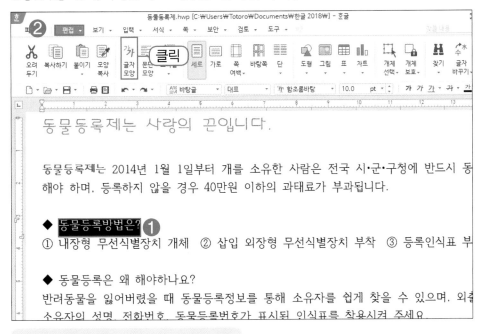

글자 모양 단축키는 Alt + L 입니다.

02 [글자 모양] 대화상자가 나타납니다. [테두리/배경] 탭에서 ❶테두리 종류를 '이중 실선' ❷색은 '주황' ❸미리보기 화면에서 '아래'를 선택합니다.

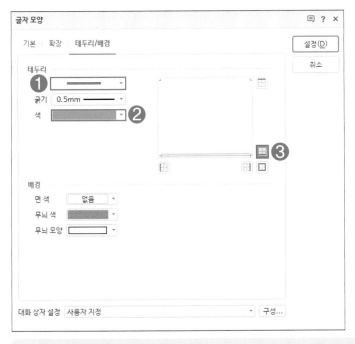

미리보기 화면에서 테두리 종류를 선택하거나 반복 선택하여 해제를 확인합니다.

· 글자 배경 지정하기 ·

03 글자 배경색을 지정합니다. ❶면 색에서 '노랑 80%'를 선택하고 ❷[설정]을 클릭합니다.

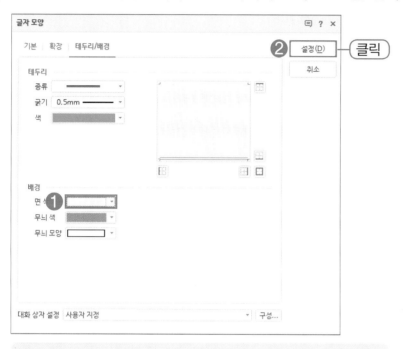

배경색은 미리보기 화면에서 확인하여 원하는 색상을 선택합니다.

04 지정한 내용을 확인하기 위해 [Esc]를 눌러 블록 지정을 해제합니다.

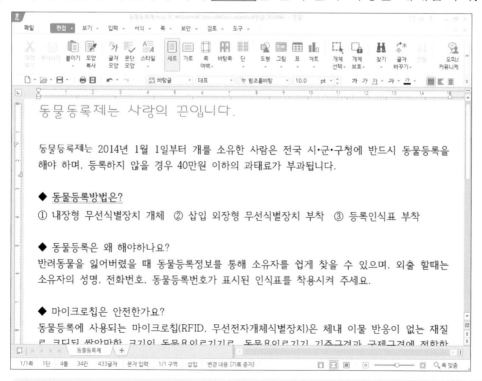

지정한 글자 모양 수정은 지정된 부분을 블록 지정한 후 [편집] 탭에서 [글자 모양]을 선택하여 수정하거나 지정된 내용을 취소합니다.

• 속성 복사하기 •

01 글자 속성을 복사하기 위해 ❶'동물등록방법은?' 단어 내에 커서를 두고 ❷[편집] 탭에서 [모양 복사]를 선택합니다.

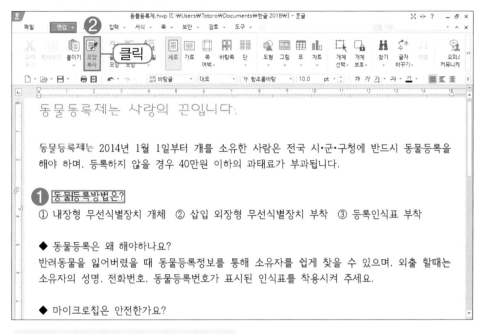

글자모양 단축키는 Alt + C 입니다.

02 [모양 복사] 대화상자가 나타납니다. 본문 모양 복사에서 ❶'글자 모양'을 선택하고 ❷ [복사]를 클릭합니다.

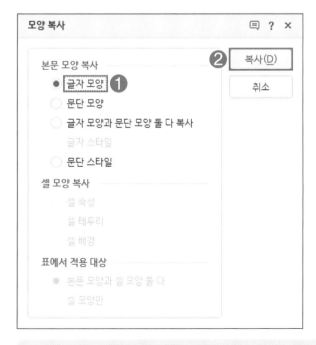

[모양 복사]의 '글자 모양'은 글자 모양이나 글자 크기, 글자 색을 복사하는 기능입니다.

03 복사한 글자 모양을 다른 글자에 지정하기 위해 ❶'동물등록은 왜 해야하나요?'를 블록 지정하고 ❷[편집] 탭에서 [모양 복사]를 선택합니다.

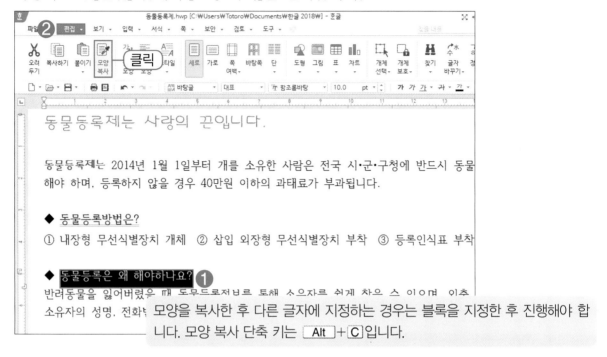

모양을 복사한 후 다른 글자에 지정하는 경우는 블록을 지정한 후 진행해야 합니다. 모양 복사 단축 키는 Alt + C 입니다.

04 다음과 같이 글자 모양을 복사하여 본문을 완성합니다.

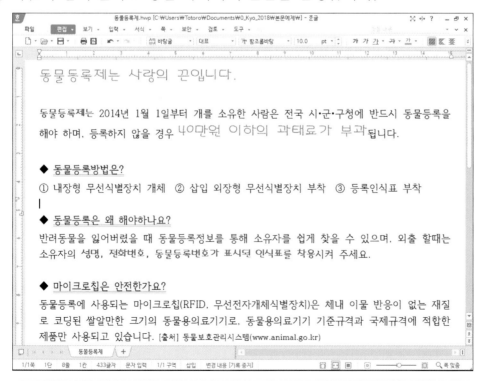

한번 지정된 모양 복사는 다른 모양을 복사하기 전까지 계속 사용할 수 있습니다.

01 준비파일에서 주어진 조건에 맞게 글꼴, 크기, 글자 색을 변경하고, 글자 모양을 복사하여 다른 글자 모양도 변경해 보세요.

행성(Planet, 行星)이야기 ——→ 휴먼엑스포, 15pt, 10pt,빨강

태양계 안에는 8개의 행성이 존재하고 태양계 밖에도 행성이 존재한다. ——→ 휴먼엑스포

◎ 수성(Mercury): 태양계에서 가장 작고 태양과 가장 가까운 거리에 위치한다.

◎ 금성(Venus): 태양계에서 태양을 제외한 가장 높은 온도를 가진 행성이다.

◎ 지구(Earth): 둘러싸인 대기층이 우주 운석이나 다른 물질로부터 보호 받는다.

◎ 화성(Mars): 지구와 같이 4계절이 있고 자전주기도 지구와 비슷하다. ——→ 휴먼엑스포, 초록

◎ 목성(Jupiter): 태양계에서 가장 큰행성이고 주위에 작은 행성들이 많다.

◎ 토성(Saturn): 아름답고 고리가 있는 행성으로 먼지 얼음 돌덩어리로 이루워진 행성이다.

◎ 천왕성(Uranus): 태양을 도는데 84년이나 걸리며, 낮과 밤 모두 42년씩이나 걸린다.

◎ 해왕성(Neptune): 태양계에서 가장 거센 바람을 일으키는 행성이다.

▲ 준비파일 : check_04_01_준비.hwp / 완성파일 : check_04_01_완성.hwp

02 준비파일에서 주어진 조건에 맞게 글꼴, 크기, 글자 색, 글자 테두리를 변경하고, 글자 모양을 복사하여 다른 글자 모양도 변경해 보세요.

스티븐 호킹 [Stephen William Hawking] ——→ MD이솝체, 18pt, 15pt

영국의 우주물리학자. '블랙홀은 검은 것이 아니라 빛보다 빠른 속도의 입자를 방출하며 뜨거운 물체처럼 빛을 발한다'는 학설을 내놓았으며, '특이점 정리', '블랙홀 증발', '양자우주론' 등 현대물리학에 3개의 혁명적 이론을 제시하였다.

：：출생-사망 : 1942.1.8 ~ 2018.3.14
：：국적 : 영국 ——→ MD이솝체, 파랑, 주황
：：활동분야 : 우주물리학
：：출생지 : 영국 옥스퍼드

세계물리학계에서 갈릴레이, 뉴턴, 아인슈타인의 뒤를 잇는 천재물리학자로 평가 받았다. 1990년 9월 휠체어에 탄 채 한국을 방문하여 서울대학 등에서 '블랙홀과 아기우주'라는 주제로 강연을 가지기도 하였다. [출처 : 네이버 지식백과]

▲ 준비파일 : check_04_02_준비.hwp / 완성파일 : check_04_02_완성.hwp

05
SECTION

문단 서식 지정하기

한글 2018에서 문서의 성격에 따라 문단의 정렬, 간격, 들여쓰기, 테두리, 배경색, 배경 무늬 등을 지정하는 방법을 알아봅니다. 지정한 문단을 복사하여 다른 문단에 지정하는 방법도 알아봅니다.

PREVIEW

코딩(Coding)을 위한 교육용 언어

▣ 스크래치(Scratch)는?

2007년 5월 미국의 MIT Media lab에서 8~16세를 대상으로 프로그래밍을 처음 접하는 사람에게 프로그래밍을 가르치기 위한 목적으로 개발된 교육용 프로그래밍 언어입니다.

♠ 명령어 블록 프로그래밍 방식

스크래치는 독립적인 블록을 결합하여 생각을 직관적으로 확인하면서 프로그램을 만들 수 있으며, 블록을 결합하는 방식이기 때문에 일반적인 프로그래밍과는 달리 문법 오류가 적고, 프로그램 구조를 쉽게 파악할 수 있습니다.

▣ 엔트리(Entry)는?

누구나 무료로 소프트웨어 교육을 받을 수 있는 소프트웨어 교육 플랫폼으로 소프트웨어를 쉽고 재미있게 배울 수 있고, 선생님은 효과적으로 학생들을 가르치고 관리할 수 있습니다.

♠ 재미있게 배우는 학습공간

컴퓨터를 활용해 논리적으로 문제를 해결할 수 있는 다양한 학습 콘텐츠가 있으며, 게임을 하듯이 재미있게 주어진 미션들을 프로그래밍으로 해결해 볼 수 있고, 유익한 동영상을 통해 소프트웨어의 원리를 배울 수 있습니다.

▲ 완성파일 : sec05_01_완성.hwp

학습내용

실습 01 문단 기본 모양 지정하기

실습 02 문단 테두리와 배경 지정하기

실습 03 문단 속성 복사하기

체크포인트

● 문단의 정렬 방식이나 여백, 들여쓰기, 간격 등을 변경할 수 있습니다.

● 문단의 테두리나 배경색을 지정할 수 있습니다.

● 문단의 속성을 복사하여 다른 문단에 지정할 수 있습니다.

문단 기본 모양 지정하기

· 문단 모양 지정하기 ·

01 준비파일에서 ❶본문의 제목 줄을 블록 지정하고 ❷[편집] 탭에서 [문단 모양]을 선택합니다.

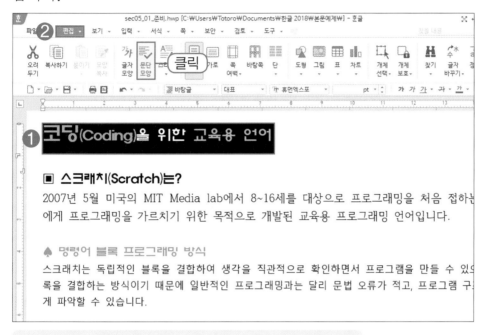

> 문단 전체를 블록 설정할 경우는 마우스를 세 번 클릭합니다.

02 [문단 모양] 대화상자의 [기본] 탭에서 ❶정렬 방식은 '가운데 정렬'을 선택하고 ❷[설정]을 클릭합니다.

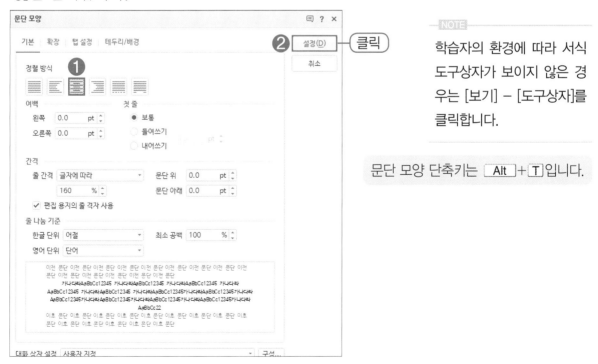

> —NOTE—
>
> 학습자의 환경에 따라 서식 도구상자가 보이지 않은 경우는 [보기] – [도구상자]를 클릭합니다.

> 문단 모양 단축키는 Alt + T 입니다.

03 이번에는 본문에서 스크래치에 대한 ❶문단 내용 전체를 블록 지정하고 ❷[편집] 탭에 서 [문단 모양]을 선택합니다.

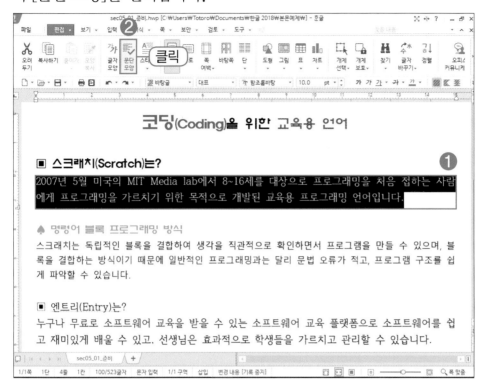

04 [문단 모양] 대화상자의 [기본] 탭에서 ❶정렬 방식을 '왼쪽 정렬'을 선택하고 ❷첫 줄에 서 '들여쓰기'를 클릭한 후 ❸[설정]을 선택합니다.

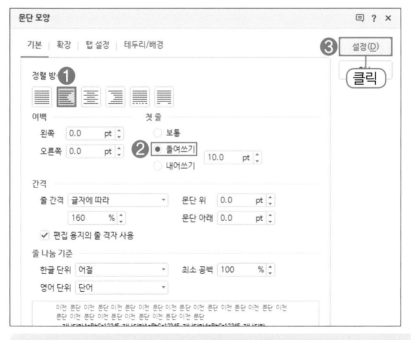

NOTE

문단 모양에서 문단의 정렬 방식이나 여백, 첫 줄, 간격 등의 값을 지정하면 아래의 미리보기 화면에서 확인할 수 있습니다.

'들여쓰기'는 문단의 첫 번째 줄만 들여쓰는 기능입니다. 들여쓰기 값은 기본적으로 '10pt'입니다.

05 스크래치의 ❶두 번째 문단을 블록을 지정하고 ❷[편집] 탭에서 [문단 모양]을 선택합니다.

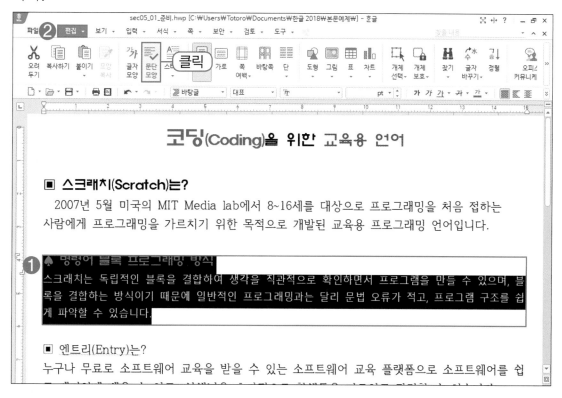

06 [문단 모양] 대화상자의 [기본] 탭에서 ❶정렬 방식은 '오른쪽 정렬', ❷여백은 왼쪽, 오른쪽을 '20', ❸간격에서 줄 간격을 '130%'로 선택한 후 ❹[설정]을 클릭합니다.

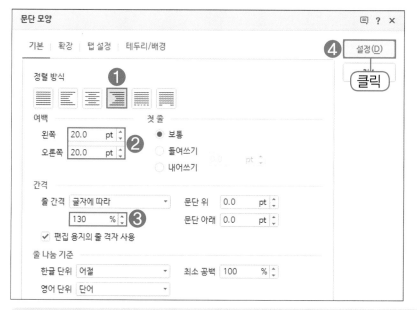

NOTE

미리보기 화면을 통해 메뉴를 추가할 때마다 변화되는 문단을 확인하면서 지정합니다.

'여백'은 문단의 왼쪽과 오른쪽에 원하는 여백을 만들며, '줄 간격'은 줄과 줄 사이의 간격으로 기본 '160%'이며, 간격을 두지 않을 경우는 '100%'를 지정합니다.

실습 02 문단 테두리와 배경 지정하기

• 문단 테두리 지정하기 •

01 본문 소제목의 문단 모양을 변경하기 위해 ❶'스크래치(Scratch)는?'을 블록 지정한 후 ❷[편집] 탭에서 [문단 모양]을 선택합니다.

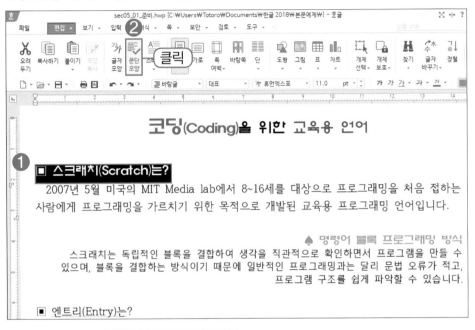

문단 모양 단축키는 Alt + T 입니다.

02 [문단 모양] 대화상자에서 [테두리/배경] 탭에서 ❶테두리 종류를 '점선' ❷색은 '보라'를 선택한 후 ❸미리보기 화면에서 '아래'를 선택합니다.

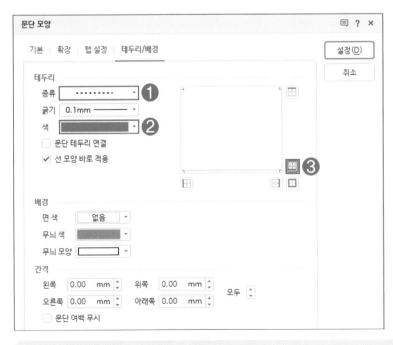

미리보기 화면에서 테두리 종류를 선택하거나 반복 선택하여 해제를 확인합니다.

· 문단 배경 지정하기 ·

03 문단 배경색을 지정합니다. ❶배경의 면 색에서 '보라 80%'를 선택하고 ❷무늬 색은 '하양' ❸무늬 모양은 '체크무늬'를 선택한 후 ❹[설정]을 클릭합니다.

> 미리보기 화면에서 확인하여 원하는 배경색이나, 무늬색, 무늬모양을 선택합니다.

04 지정한 내용을 확인하기 위해 Esc 를 눌러 블록 지정을 해제합니다.

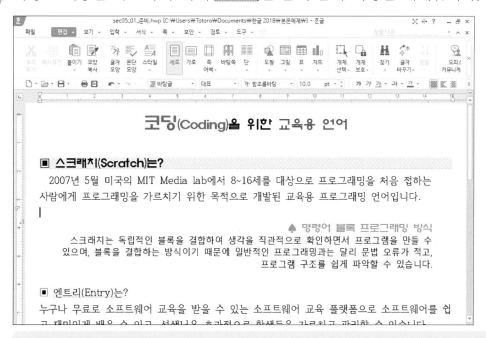

> 지정한 문단 모양 수정은 지정된 부분을 블록 지정한 후 [편집] 탭에서 [문단 모양]을
> 선택하여 수정하거나 지정된 내용을 취소합니다.

문단 속성 복사하기

• 속성 복사하기 •

01 문단 속성을 복사하기 위해 ❶'스크래치(Scratch)는?' 단어 내에 커서를 두고 ❷[편집] 탭에서 [모양 복사]를 선택합니다.

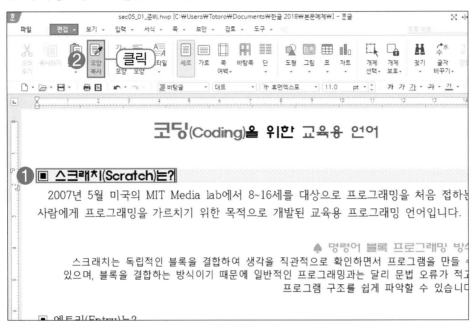

모양 복사 단축키는 [Alt]+[C]입니다.

02 [모양 복사] 대화상자가 나타납니다. ❶본문 모양 복사에서 '글자 모양과 문단 모양 둘 다 복사'를 선택하고 ❷[복사]를 클릭합니다.

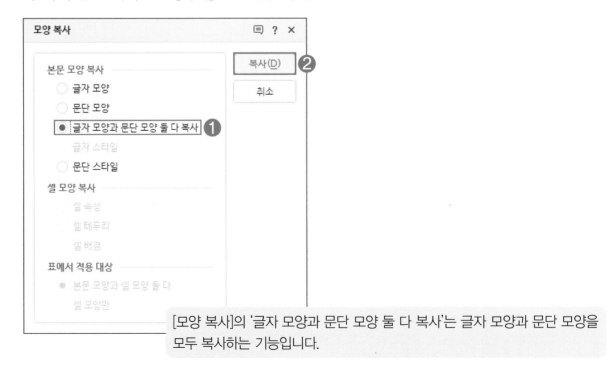

[모양 복사]의 '글자 모양과 문단 모양 둘 다 복사'는 글자 모양과 문단 모양을 모두 복사하는 기능입니다.

03 복사한 문단 모양을 다른 문단에 지정하기 위해 ❶'엔트리(Entry)는?'를 블록 지정하고 ❷[편집] 탭에서 [모양 복사]를 선택합니다.

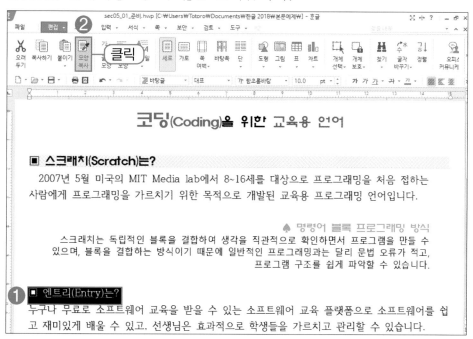

04 이번에는 ❶'엔트리(Entry)는?' 본문 내에 커서를 두고 ❷[편집] 탭에서 [모양 복사]를 선택합니다.

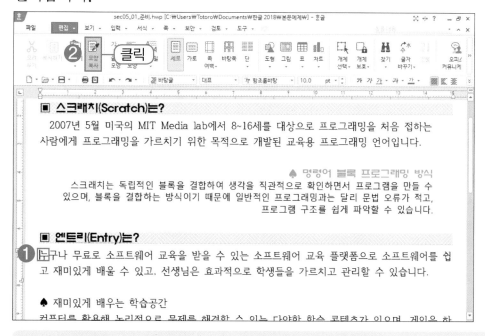

한번 지정된 문단 복사는 다른 문단 모양을 복사하기 전까지 계속 사용할 수 있습니다.

05 [모양 복사] 대화상자가 나타납니다. ❶본문 모양 복사에서 '문단 모양'을 선택하고 ❷ [복사]를 클릭합니다.

모양을 복사한 후 다른 글자에 지정하는 경우, 블록지정만 다릅니다. 모양 복사 단축 키는 Alt + C 입니다.

06 다음과 같이 남은 본문도 같은 방법으로 문단을 복사하여 지정합니다.

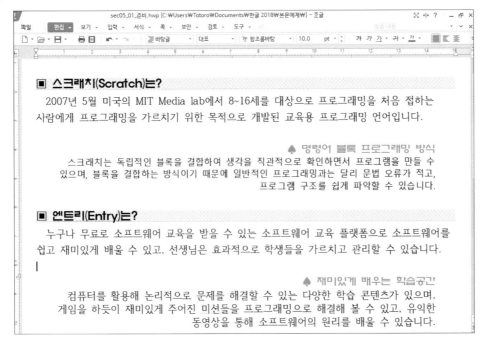

01 준비파일에서 주어진 조건에 맞게 문단 모양을 변경하고, 문단 모양을 복사하여 다른 문단도 변경해 보세요.

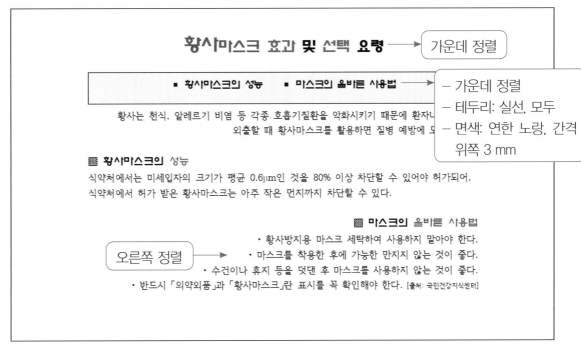

▲ 준비파일 : check_05_01_준비.hwp / 완성파일 : check_05_01_완성.hwp

02 준비파일에서 주어진 조건에 맞게 문단 모양을 변경하고, 문단 모양을 복사하여 다른 문단도 변경해 보세요.

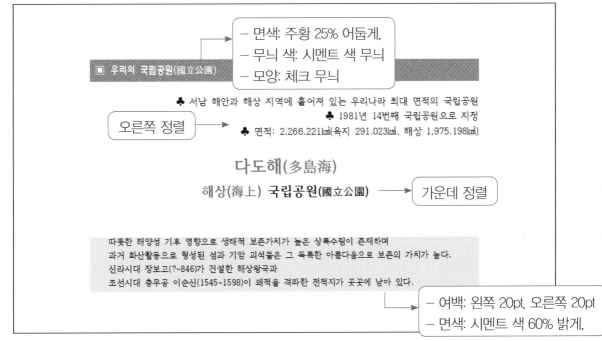

▲ 준비파일 : check_05_02_준비.hwp / 완성파일 : check_05_02_완성.hwp

06

SECTION

문서마당으로 안내장 만들기

문서마당은 일상에서 자주 사용되는 문서를 서식 파일(*.Hwt)로 만들어 [문서마당 꾸러미]에 분류하여 템플릿(Template) 방식으로 제공되는 기능입니다. 처음 한글 문서를 사용하는 학습자들도 빠르고 쉽게 필요한 문서를 만들 수 있습니다. 문서마당에서 필요한 문서를 찾아 내용을 수정하고 인쇄하는 방법을 알아봅니다.

PREVIEW

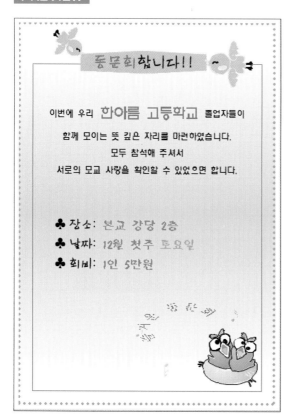

▲ 완성파일 : sec06_01_완성.hwp

학습내용

실습 01 필요한 문서 열고 편집하기

실습 02 쪽 테두리와 배경 지정하기

실습 03 문서 미리보고 인쇄하기

체크포인트

● 문서마당에서 필요한 문서를 찾아서 불러올 수 있습니다.

● 문서에 쪽 테두리와 배경을 지정할 수 있습니다.

● 문서 미리보기로 여백을 수정하고 인쇄할 수 있습니다.

필요한 문서 열고 편집하기

• 문서마당 열기 •

01 한글 화면에서 ❶[파일]을 클릭하고 ❷ [문서마당]을 선택합니다.

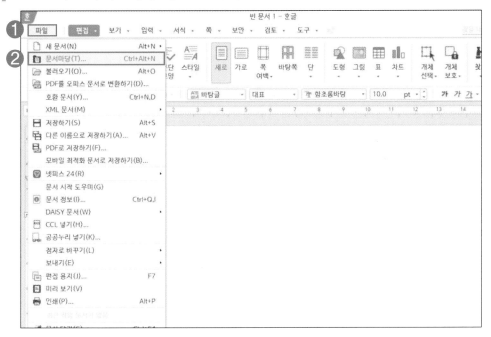

문서마당 단축키는 ⌈Ctrl⌋+⌈Alt⌋+⌈N⌋입니다.

02 [문서마당] 대화상자에서 ❶[문서마당 꾸러미]를 선택하고 ❷[학생 문서]를 선택합니다. ❸서식 파일에서 '동문회 안내문1'을 선택하고 ❹[열기]를 클릭합니다.

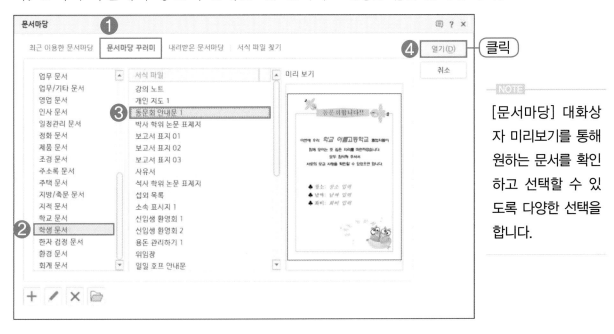

NOTE
[문서마당] 대화상자 미리보기를 통해 원하는 문서를 확인하고 선택할 수 있도록 다양한 선택을 합니다.

• 문서 편집하기 •

01 '동문회 안내문1' 문서입니다. 문서 본문에서 학교 이름을 수정하기 위해 ❶'학교 이름' 을 선택합니다.

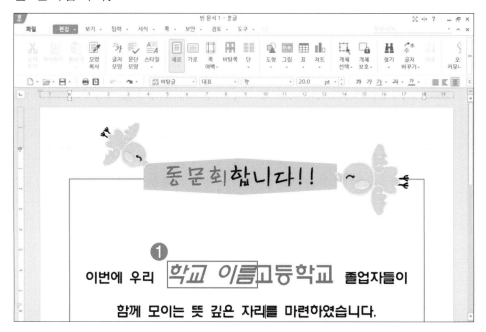

02 선택한 '학교 이름'의 글자가 사라지고『』(누름틀) 모양 안에 커서만 생깁니다. 이 때 본 문의 다른 곳을 클릭하면 다시 '학교 이름'이 표시됩니다. 즉, 수정하고 싶은 내용부분 만『』(누름틀) 모양으로 변합니다.

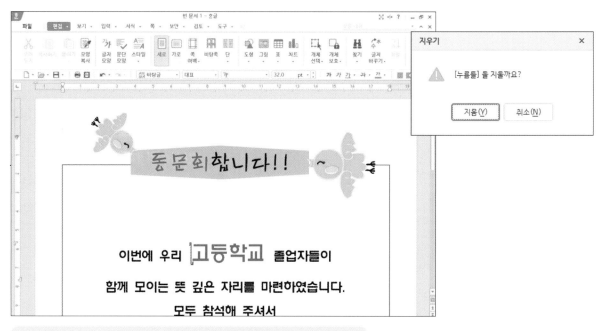

『』(누름틀)을 눌러 삭제를 하더라도 텍스트 입력은 가능합니다.

03 『』(누름틀) 모양에 ❶'한아름 고등학교'를 입력하고 ❷『』(누름틀) 밖에 있는 '고등학교'는 삭제합니다.

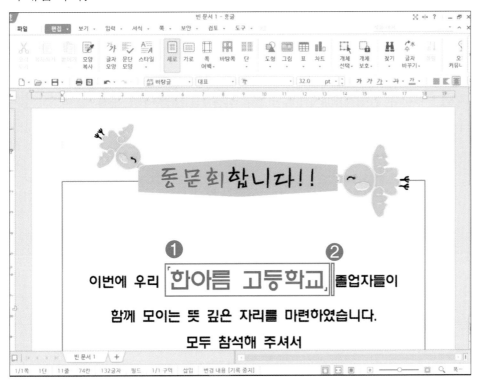

04 본문 내용을 이동하고 ❶장소는 "본교 강당 2층" ❷날짜는 "12월 첫 주 토요일" 글자색은 '주황' ❸회비는 "1인 5만원"으로 수정합니다.

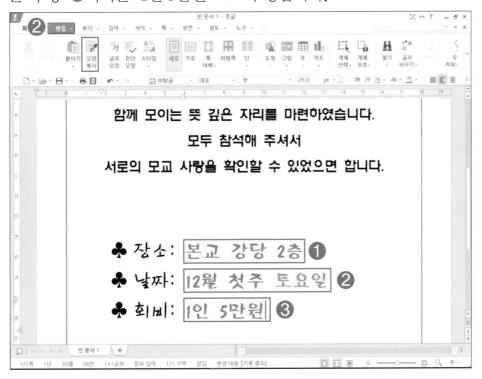

💡 알아두기

문서마당에서 불러온 문서는 크기가 다양합니다. 문서 작업을 할 때 상황선의 [확대/축소]를 클릭하여 화면 크기를 조절합니다.

01 문서에서 화면 아래의 상황선에서 [확대/축소]를 클릭합니다. [확대/축소] 창에서 배율을 '쪽 맞춤'을 클릭하고 [설정]을 선택합니다.

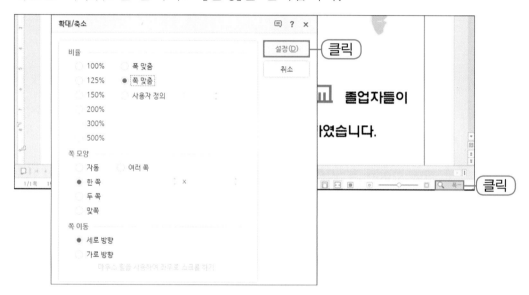

02 '쪽 맞춤'은 한 페이지에 해당하는 편집 화면 전체를 보여주는 기능으로 편집된 문서의 전체 구조를 볼 때 편리합니다.

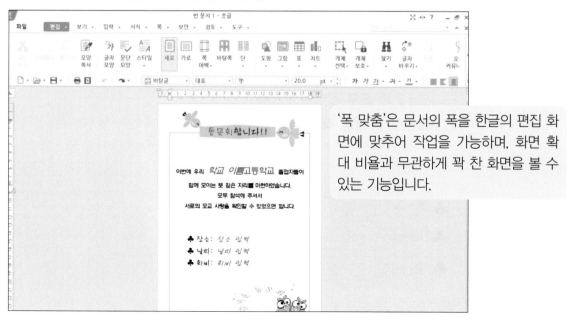

'폭 맞춤'은 문서의 폭을 한글의 편집 화면에 맞추어 작업을 가능하며, 화면 확대 비율과 무관하게 꽉 찬 화면을 볼 수 있는 기능입니다.

쪽 테두리와 배경 지정하기

・문서 쪽 테두리 지정하기・

01 문서 전체에 테두리를 지정하기 위해 ❶[쪽] 탭의 ▼를 클릭한 후 ❷[쪽 테두리/배경]을 선택합니다.

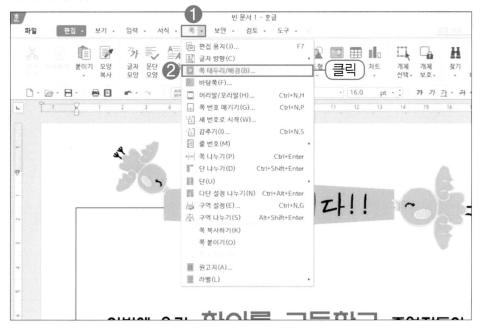

02 [쪽 테두리/배경] 대화상자의 [테두리] 탭에서 ❶테두리 종류를 '원형점선', 굵기는 '1mm', 색은 '주황', '모두'를 선택한 후 ❷[배경] 탭을 클릭합니다. ❸채우기에서 '그라데이션', 시작색 '주황 80% 밝게', '가운데에서'를 선택하고 ❹[설정]을 클릭합니다.

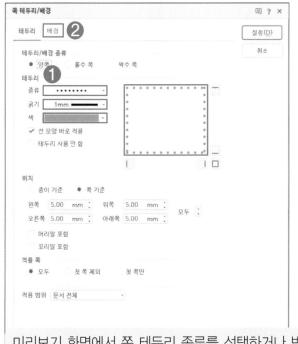

미리보기 화면에서 쪽 테두리 종류를 선택하거나 반복 선택하여 해제를 확인하고 배경 채우기도 확인합니다.

문서 미리보고 인쇄하기

・문서 미리보기・

01 완성된 문서를 보기 위해 ❶[파일]을 클릭하고 ❷[미리 보기]를 선택합니다.

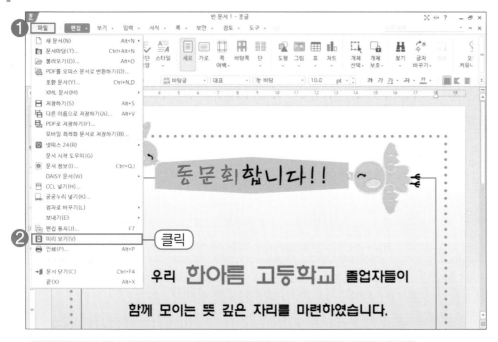

> 미리보기는 현재 작업 중인 문서 전체를 미리 볼 수 있는 기능입니다.

02 [미리보기] 화면입니다. 문서 여백을 수정하기 위해 ❶[확대/축소]에서 '쪽 맞춤'을 선택하고 ❷[편집 용지]를 클릭합니다.

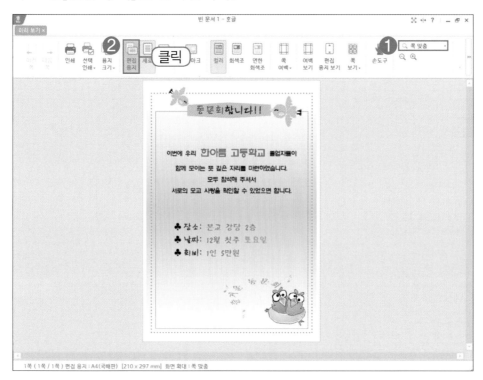

03 [편집 용지] 대화상자 여백에서 ❶위쪽, 아래쪽, 오른쪽, 왼쪽을 모두 '10mm'로 수정하고 ❷[설정]을 클릭합니다. 미리보기 화면에서 인쇄는 ❶메뉴에서 [인쇄]를 클릭합니다.

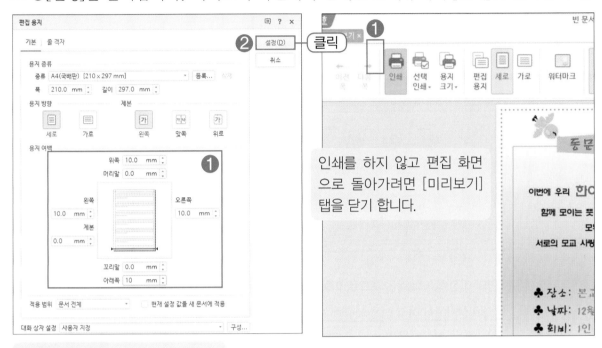

> 인쇄를 하지 않고 편집 화면으로 돌아가려면 [미리보기] 탭을 닫기 합니다.

> 편집 용지 단축 키는 F7입니다.

05 [인쇄] 대화상자가 나타납니다. ❶현재 사용 중인 컴퓨터와 연결된 프린터를 선택하고 ❷[인쇄]를 클릭합니다.

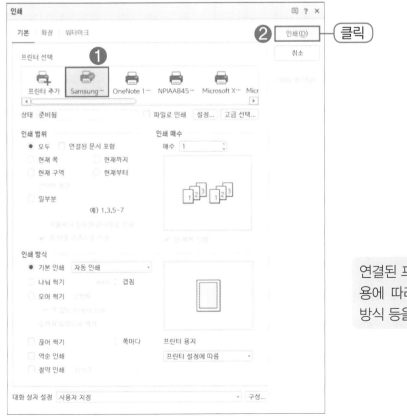

> 연결된 프린터는 사용자마다 다르며, 사용에 따라 인쇄 범위, 인쇄 매수, 인쇄 방식 등을 지정할 수 있습니다.

💡 알아두기 미리보기 도구 상자 알아보기

[파일] – [미리 보기]를 실행하면, 문서 편집 창이 미리 보기 창으로 바뀌고 편집 화면에 있던 도구 상자와 메뉴는 사라지고 미리 보기 도구상자만 나타납니다.

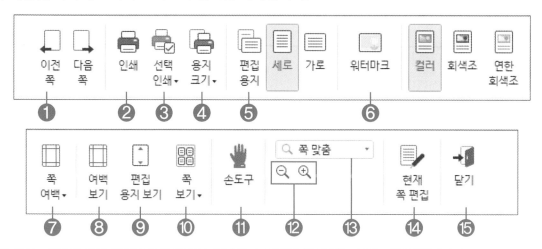

❶ 쪽 이동 : 화면의 이전 쪽이나 다음 쪽으로 이동하며, 이동할 쪽이 없는 경우 비활성화됩니다.

❷ 인쇄 : [인쇄] 대화상자에서 여러 선택 사항을 지정하여 프린터로 인쇄하거나 다시 미리 확인합니다.

❸ 선택 인쇄 : 인쇄할 때 필요한 각종 선택 사항을 지정하여, 사용자의 필요에 맞게 문서를 출력합니다.

❹ 용지 크기 : 프린터에 공급할 종이의 종류를 지정합니다. [인쇄] 대화상자의 [기본–인쇄 방식–프린터 용지]와 동일하며 일반적으로는 [프린터 설정에 따름]으로 설정합니다.

❺ 편집 용지 : 편집 용지의 크기와 용지 방향 등을 설정할 수 있도록 [편집 용지] 대화상자를 불러옵니다.

❻ 워터 마크 : 인쇄할 때에만 문서에 나타나도록 그림 워터마크 및 글자 워터마크를 설정합니다.

❼ 쪽 여백 : 편집 용지의 여백을 제공합니다. 여백은 기본, 좁게(머리말/꼬리말 여백 포함), 넓게(머리말/꼬리말 여백 포함), 좁게, 넓게 중 선택합니다. [쪽 여백 고치기]는 상하/좌우 여백을 변경합니다.

❽ 여백 보기 : [편집 용지] 대화상자에서 지정한 용지 여백을 빨간색 점선으로 표시합니다.

❾ 편집 용지 보기 : [편집 용지] 대화상자에서 지정한 용지 종류의 크기를 초록색 선으로 표시합니다.

❿ 쪽 맞춤 : 쪽 맞춤, 맞쪽, 여러 쪽 중 원하는 쪽 보기 방식을 설정합니다.
  - 쪽 맞춤: 미리 보기 화면에 한 쪽의 문서를 쪽 맞춤 크기로 보여 줍니다.
  - 맞쪽: 두 쪽을 한 화면에 보여주며, 오른쪽이 항상 홀수 쪽입니다.
  - 여러 쪽: 설정한 쪽을 미리 보기 화면에 모두 보여 줍니다.

⓫ 손도구 : 비율(여러 쪽, 맞 쪽, 쪽 맞춤, 폭 맞춤, 100%, 125%, 150%, 200%, 300%, 500% 중)을 선택하거나, 두 쪽 이상을 한 화면에서 볼 수 있는 [여러 쪽]을 선택합니다.

⓬ 쪽 맞춤 : 확대 배율을 선택하면 확대된 화면을 볼 수 있습니다.

⓭ 확대/축소 : 아이콘을 한번 누를 때마다 화면 비율이 25%씩 확대/축소됩니다.

⓮ 현재 쪽 편집 : [미리 보기] 상태에서 편집 화면으로 이동할 때, 현재 선택된 쪽(미리 보기 상태에서 파란색 테두리로 표시)의 첫 줄로 돌아갑니다.

⓯ 닫기 : 미리 보기를 끝내고 본문 편집 상태로 되돌아갑니다.

01 문서마당에서 주간 간식표를 불러와 텍스트를 입력하고 주어진 조건에 맞게 완성해 보세요.

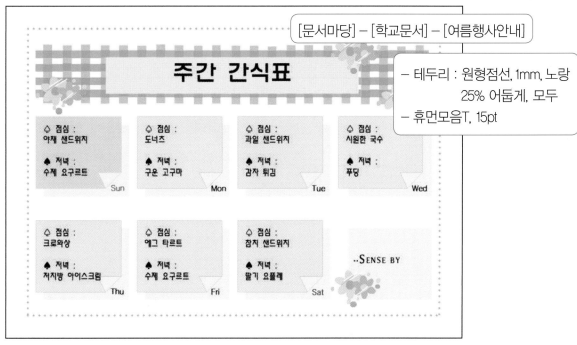

[문서마당] – [학교문서] – [여름행사안내]

- 테두리 : 원형점선, 1mm, 노랑
  25% 어둡게, 모두
- 휴먼모음T, 15pt

▲ 완성파일 : check_06_01_완성.hwp

02 문서마당에서 여름행사안내문을 불러와 텍스트를 입력하고 주어진 조건에 맞게 완성해 보세요.

[문서마당] – [학교문서] – [여름행사안내]

- 배경 : 시작색 : 노랑 80% 밝게
  끝색 : 하양, 가운데
- 휴먼엑스포 20pt, 18pt, 주황, 하늘색

◀ 완성파일 : check_06_02_완성.hwp

07
SECTION

그리기마당으로
초대장 만들기

그리기 마당은 자주 사용하는 개체를 만들어 등록하여, 필요할 때마다 등록된 개체를 불러와 원하는 그림을 쉽고 빠르게 그릴 수 있습니다. 그리기마당에 있는 파일을 '그림 조각'이라고 하며, 그림 조각으로 한글 2018에서 제공하는 클립아트를 내려받기하여 사용할 수도 있습니다.

PREVIEW

다이아몬드는 4월 탄생석, 영원한 사랑, 신뢰, 순수, 불멸을 상징

Diamond Festival

◆ 일　시 : 4월 첫째 토요일 늦은 5시
◆ 장　소 : 역 2번 출구, 다이아몬드홀
◆ 티　켓 : 성인 1만원, 청소년 5천원

▲ 완성파일 : sec07_01_완성.hwp

학습내용	체크포인트
실습 01　개체 삽입하고 크기 조절하기	● 개체를 삽입하고 크기를 조절할 수 있습니다.
실습 02　개체 복사하고 회전하기	● 주어진 개체를 복사하거나 회전할 수 있습니다.
실습 03　개체 속성 변경하기	● 개체 속성에서 주어진 개체에 효과를 줄 수 있습니다.

개체 삽입하고 크기 조절하기

• 용지 방향 설정하기 •

01 한글 2018 문서의 용지 방향을 변경합니다. ❶[파일]을 클릭한 후 ❷[편집 용지]를 선택합니다.

편집 용지 단축 키는 **F7**입니다.

02 [편집 용지] 대화상자에서 ❶용지 방향을 [가로]를 선택한 후 ❷[설정]을 클릭합니다.

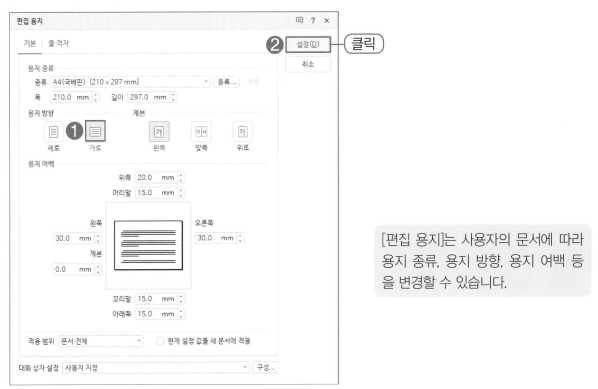

[편집 용지]는 사용자의 문서에 따라 용지 종류, 용지 방향, 용지 여백 등을 변경할 수 있습니다.

· 그리기 조각 삽입하고 텍스트 입력하기 ·

01 그리기 조각을 삽입하기 위해 ❶[입력] 탭의 ▼를 클릭하고 ❷[그림] − [그리기마당]을
선택합니다.

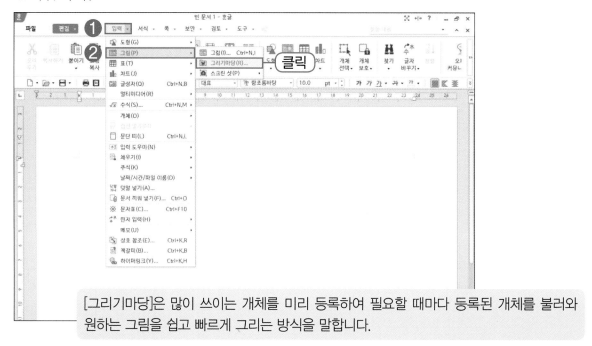

> [그리기마당]은 많이 쓰이는 개체를 미리 등록하여 필요할 때마다 등록된 개체를 불러와
> 원하는 그림을 쉽고 빠르게 그리는 방식을 말합니다.

02 [그리기마당] 대화상자입니다. [그리기 조각] 탭에서 ❶설명상자(제목상자)를 클릭하고
❷개체 선택에서 두 번째 개체를 선택한 후 ❸[넣기]를 클릭합니다.

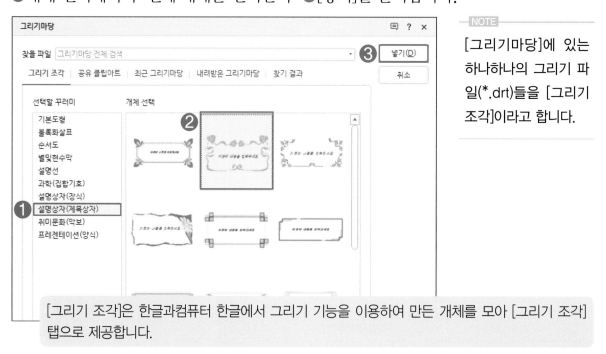

NOTE

[그리기마당]에 있는
하나하나의 그리기 파
일(*.drt)들을 [그리기
조각]이라고 합니다.

> [그리기 조각]은 한글과컴퓨터 한글에서 그리기 기능을 이용하여 만든 개체를 모아 [그리기 조각]
> 탭으로 제공합니다.

03 마우스 포인트가 + 모양으로 바뀝니다. 마우스를 이동하여 원하는 위치에서 드래그하여 개체를 삽입합니다.

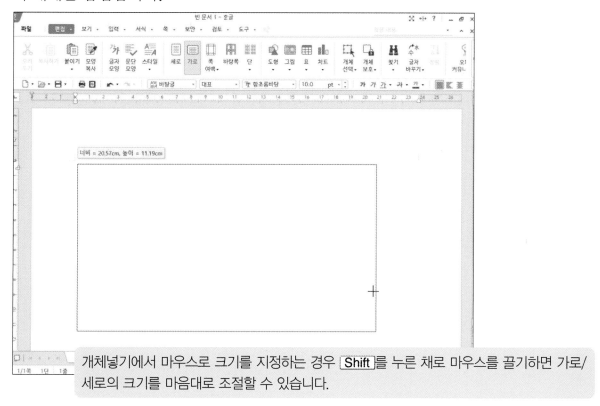

개체넣기에서 마우스로 크기를 지정하는 경우 Shift 를 누른 채로 마우스를 끌기하면 가로/세로의 크기를 마음대로 조절할 수 있습니다.

04 다음과 같이 누름틀에 주어진 조건에 따라 텍스트를 입력합니다.

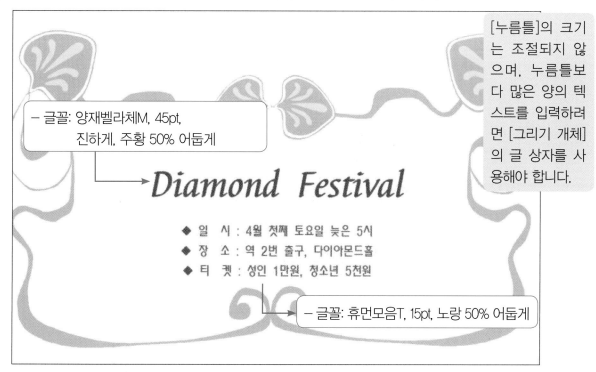

[누름틀]의 크기는 조절되지 않으며, 누름틀보다 많은 양의 텍스트를 입력하려면 [그리기 개체]의 글 상자를 사용해야 합니다.

– 글꼴: 양재벨라체M, 45pt, 진하게, 주황 50% 어둡게

Diamond Festival

◆ 일　시 : 4월 첫째 토요일 늦은 5시
◆ 장　소 : 역 2번 출구, 다이아몬드홀
◆ 티　켓 : 성인 1만원, 청소년 5천원

– 글꼴: 휴먼모음T, 15pt, 노랑 50% 어둡게

실습 02 개체 복사하고 회전하기

• 한컴 애셋에서 클립아트 내려받기 •

01 한글 2018에서 제공하는 이미지를 다운로드하기 위해 ❶[도구] 탭의 ▼를 클릭하고 ❷[한컴 애셋]을 선택합니다.

[한컴 애셋]에서 다양한 문서 서식, 클립아트 및 글꼴을 다운로드하여 사용할 수 있습니다.

02 [한컴 애셋] 대화상자에서 ❶[클립아트] 탭을 클릭하고 ❷'04월(다이아몬드)'를 포함한 여러 개의 이미지를 선택한 후 ❸[내려받기]를 클릭합니다.

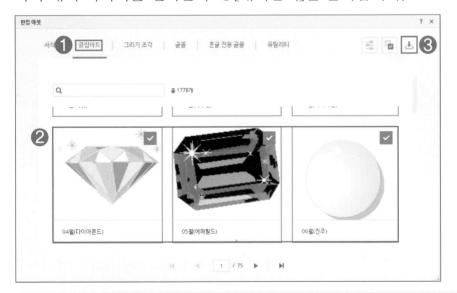

NOTE

[클립아트] 탭의 찾기 창에서 텍스트를 직접 입력한 후 원하는 이미지를 찾는 방법을 사용합니다.

[내려받기]가 완료되면 [한글] 창에서 [확인]을 클릭합니다. '다시 표시 안 함'을 선택하면 내려받기 한 후 [한글] 창이 표시되지 않습니다.

• 내려받은 클립아트 삽입하기 •

01 한컴 애셋에서 내려받은 개체를 삽입하기 위해 ❶[입력] 탭의 ▼를 클릭하고 ❷[그림]의 ❸[그리기마당]을 선택합니다.

02 [그리기마당] 대화상자에서 ❶[내려받은 그리기마당] 탭을 클릭하고 ❷[공유 클립아트]에서 '04월(다이아몬드)' 선택한 후 ❸[넣기]를 클릭합니다.

NOTE

[그리기 조각]은 한글과컴퓨터 한/글에서 그리기 기능을 이용하여 만든 개체를 모아 [그리기 조각] 탭으로 제공됩니다.

[내려받은 그리기 마당]에는 한컴 애셋을 통해 내려받은 그리기 조각 및 클립아트가 목록으로 표시됩니다.

· 개체 삽입하고 복사하기 ·

01 마우스 포인트가 + 모양으로 바뀌면, 마우스를 이동하여 원하는 위치에서 드래그하여 개체를 삽입합니다.

> 삽입한 개체는 크기를 조절하고 원하는 위치로 이동합니다.

02 삽입된 개체를 복사하기 위해 ❶개체를 선택한 상태에서 마우스 오른쪽 버튼을 클릭한 후 ❷[복사하기]를 선택합니다.

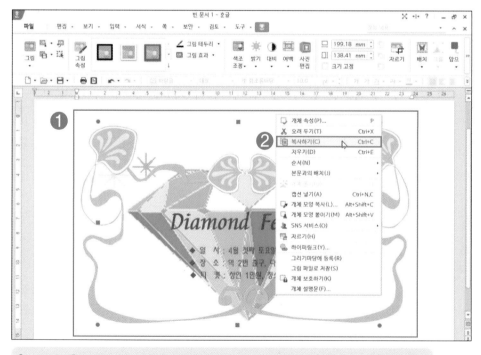

> [복사하기]는 개체를 선택한 상태에서 Ctrl + C 를 사용할 수 있습니다.

03 복사한 개체를 붙이기 위해 ❶원하는 위치에서 마우스 오른쪽 버튼을 클릭한 후 ❷[붙이기]를 선택합니다.

04 마우스 포인트가 + 모양으로 바뀌면 마우스를 이동하여 원하는 위치에서 드래그하여 개체를 삽입합니다.

• 개체 회전하기 •

01 삽입한 개체를 회전하기 위해 ❶개체를 클릭하고 ❷기본도구상자에서 [회전]을 선택한 후 ❸[개체 회전]을 클릭합니다.

[개체 회전]은 마우스로 개체를 이동하여 원하는 방향으로 회전이 가능합니다.

02 개체 가장자리에 네 개의 점이 표시됩니다. 마우스를 점으로 이동하면 화살표 모양의 원이 생깁니다. 점을 원하는 방향으로 드래그합니다.

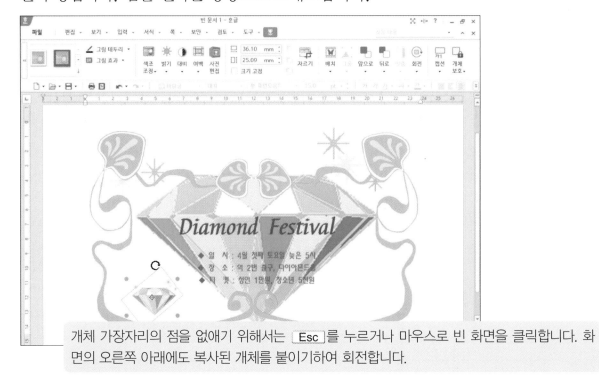

개체 가장자리의 점을 없애기 위해서는 Esc 를 누르거나 마우스로 빈 화면을 클릭합니다. 화면의 오른쪽 아래에도 복사된 개체를 붙이기하여 회전합니다.

실습 03 개체 속성 변경하기

• 그림 효과 주기 •

01 개체에 효과를 지정하기 위해 ❶가장 큰 '04월(다이아몬드)' 개체를 클릭한 후 ❷마우스 오른쪽 버튼을 클릭하여 [개체 속성]을 선택합니다.

[개체 속성]은 개체를 더블클릭하여 실행할 수 있습니다.

02 [개체 속성] 대화상자에서 ❶[그림] 탭을 클릭하고 ❷[그림 효과]에서 '워터마크 효과'를 선택한 후 ❸[설정]을 클릭합니다.

[워터마크]는 원래 그림에 '밝기:70, 명암:–50'의 효과를 주어, 그림을 밝고 명암 대비가 적은 그림으로 바꾸는 기능입니다.

NOTE

그림 효과

- [효과 없음]은 회색조나 흑백, 워터마크 같은 그림 효과를 주었던 그림 파일을 원래 이미지로 되돌려 줍니다.
- [회색조]는 선택한 그림 파일을 회색조 이미지로 변환하여 같은 수준의 회색으로 바꿔줍니다.
- [흑백]은 선택한 그림 파일을 흑백 이미지로 바꿔줍니다.
- [그림 반전]은 그림의 색상을 반대로 뒤집습니다.

· 글상자 입력하기 ·

01 글상자를 입력하기 위해 ❶[입력] 탭의 ▼를 선택하고 ❷[도형]을 클릭한 후 ❸그리기 개체에서 '가로 글상자'를 선택합니다.

02 가로 글상자에 다음과 같이 텍스트를 입력한 한 후 위치를 이동합니다.

글꼴: 휴먼모음T, 18pt, 검정 35% 밝게

01 한컴 애셋에서 이미지 파일을 설치한 후, 그리기 마당에서 개체를 삽입하여 완성해 보세요.

[그리기마당] – [그리기 조각] – [설명상자(제목상자)] –'제목상자14'
휴먼모음T 20pt, 맑은 고딕 17pt 진하게

★ 강아지들이 좋아하는 놀이는 **공놀이, 원반 던지기, 갉기 깨물기, 술래잡기** 등입니다.

[입력] – [그리기 개체] – [가로 글상자]

– [도구] – [한컴 애셋]에서 '공'과 '개' 찾기한 후 [내려받기] 선택
– [그리기마당] –[내려받은 그리기 마당]에서 넣기

▲ 완성파일 : check_07_01_완성.hwp

힌트 ▶ [파일]– [편집 용지]를 선택하여 용지 방향을 '가로'로 설정합니다.

02 그리기 마당에서 개체를 삽입하여 완성해 보세요.

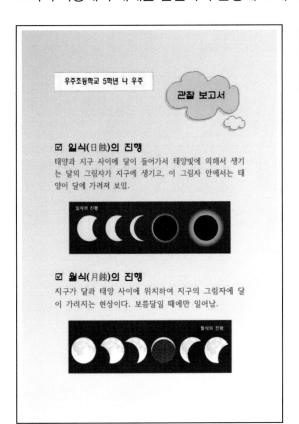

– [그리기마당] – [그리기 조각] – [설명상자(장식)] –'말풍선20'
– [회전] – [좌우대칭]

– [입력] – [그리기 개체] – [가로 글상자]
휴먼모음T 16pt, 양재튼튼B 20pt, 함초롱 바탕 16pt

– [그리기마당] – [공유 클립아트] – [과학]에서 '일식의 진행', '월식의 진행'

NOTE

그리기 마당에서 사용할 수 있는 클립아트와 한컴 애셋에서 내려받기한 이미지를 사용하여 문서를 완성할 수 있도록 지도합니다.

▲ 완성파일 : check_07_02_완성.hwp

08
SECTION

그리기 개체로
그림 그리기

그리기 개체는 그리기 편집 화면의 어느 곳에서나 마우스를 이용해 직접 그림을 그릴 수 있는 기능입니다. 간단한 그림에서부터 복잡한 그림까지 쉽게 그릴 수 있으며, 직접 그린 그림을 [그리기마당]에 등록하여 필요할 때 다시 불러 사용할 수도 있습니다.

PREVIEW

▲ 완성파일 : sec08_01_완성.hwp

학습내용

실습 01 개체 삽입하고 크기 조절하기

실습 02 개체 복사하고 회전하기

실습 03 개체 속성 변경하기

체크포인트

● 개체를 삽입하고 크기를 조절할 수 있습니다.

● 주어진 개체를 복사하거나 회전할 수 있습니다.

● 개체 속성에서 주어진 개체에 효과를 줄 수 있습니다.

개체 삽입하고 크기 조절하기

01 도형을 그리기 위해 ❶[입력] 탭의 ▼를 클릭하여 ❷[도형]을 선택하고 ❸[다른 그리기 조각]을 클릭합니다.

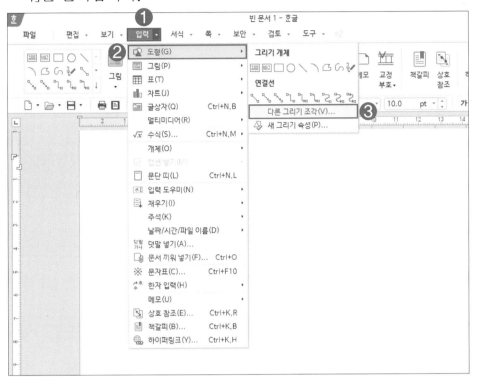

02 [그리기마당] 대화상자에서 ❶그리기 조각의 [기본도형]을 클릭한 후 ❷'이등변 삼각형'을 선택하고 ❸[넣기]를 클릭합니다.

NOTE

정다각형을 그리기 위해서는 Shift 키를 누른 상태에서 도형을 드래그합니다.

[그리기 조각]의 선택할 꾸러미는 한글의 그림 그리기 기능을 이용해 그린 그림들을 모아 놓은 곳으로 그리기 조각 꾸러미 목록에서 꾸러미를 선택할 수 있습니다.

03 개체의 크기와 모양을 조절하기 위해 ❶개체의 오른쪽 아래 조절점을 클릭한 후 ❷원하는 비율로 드래그합니다.

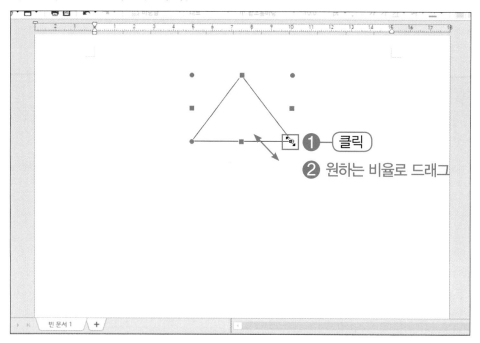

04 이번에는 개체를 복사하기 위하여 ❶개체를 클릭하고 ❷ Ctrl 을 누른 상태에서 ❸개체를 선택하여 아래로 드래그합니다.

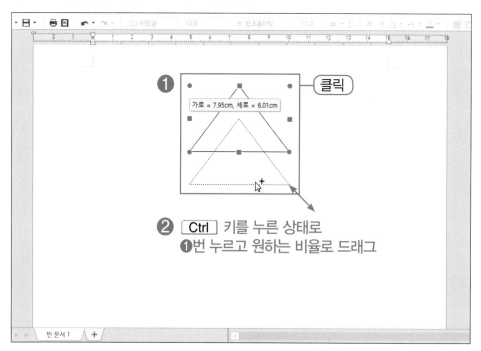

개체가 완전히 복사될 때까지 Ctrl 을 놓지 말아야 합니다.

05 위와 같은 방법으로 ❶객체를 더 복사하고 ❷드래그하여 크기와 위치를 조절합니다.

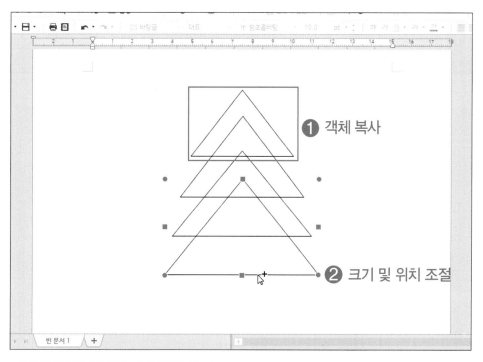

객체는 밑으로 내려갈수록 크기가 커지도록 크기를 조절합니다.

06 다음과 같이 [그리기마당]을 이용해 다른 개체들도 그립니다.

사각형: [기본도형]–'직사각형'
원: [기본도형]–'타원'
별: [별및현수막]–'포인트가 5개인 별'

'타원'을 원으로 그리려면 [Shift]를 누른 상태에서 드래그하여 그립니다.

01 개체 두 개를 동시에 선택하기 위해 ❶첫 번째 삼각형을 클릭한 후 ❷ Shift 를 누른 상태에서 ❸세 번째 삼각형을 선택합니다.

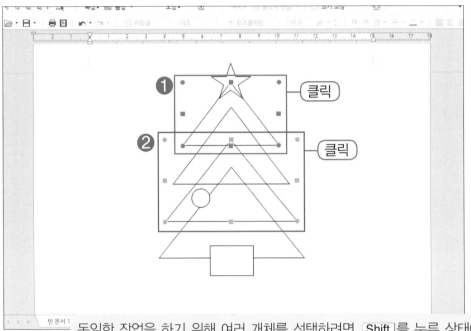

동일한 작업을 하기 위해 여러 개체를 선택하려면 Shift 를 누른 상태에서 원하는 개체를 모두 선택합니다.

02 두 삼각형에 색을 채우기 위해 ❶☀(도형 채우기)를 클릭한 후 ❷'밝은 연두색'을 선택합니다.

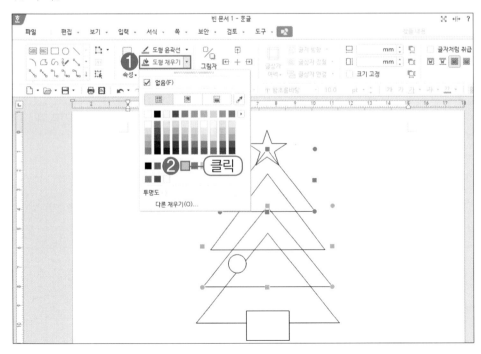

03 이번에는 나머지 두 개체를 선택하기 위해 ❶두 번째 삼각형을 클릭하고 [Shift]를 누른 상태에서 ❷네 번째 삼각형을 선택한 후 ❸'초록색'을 클릭합니다.

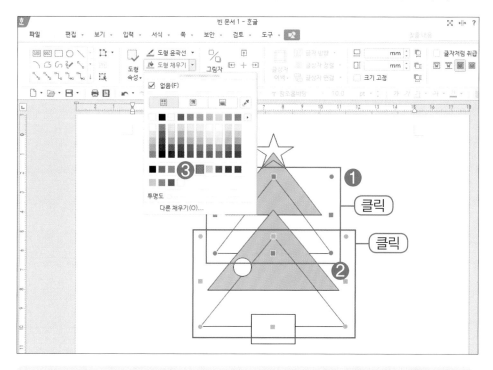

원하지 않는 개체를 선택한 경우, [Shift]를 한 번 더 눌러 선택을 취소합니다.

04 같은 방법으로 다른 개체들도 색을 채웁니다.

사각형: 주황 50% 어둡게
원: 주황
별: 노랑

개체 속성 변경하기

• 개체 선택하기 •

01 이번에는 개체를 모두 선택하기 위해 ❶[편집] 탭을 클릭한 후 ❷[개체 선택]을 선택하고 ❸모든 개체를 드래그합니다.

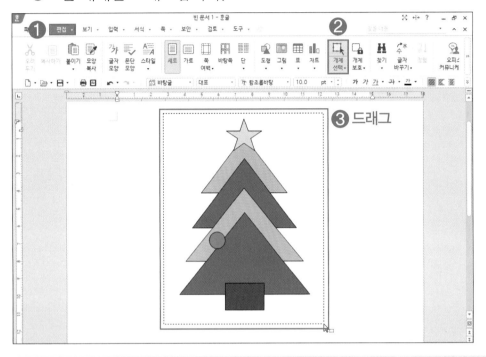

> 모든 개체 선택은 마우스로 드래그하여 개체를 선택할 수도 있습니다. 경우에 따라 선택되지 않은 개체가 생길 수도 있으니 유의합니다.

02 모든 개체의 윤곽선 색을 바꿔주기 위해 ❶[도형 윤곽선]을 클릭하고 ❷'하양 50% 어둡게'를 선택합니다.

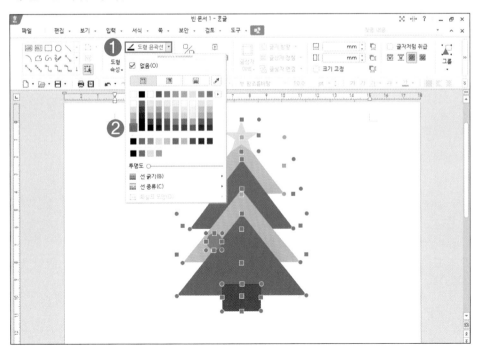

• 개체 순서 바꾸기 •

01 개체의 순서를 바꾸기 위해 ❶첫 번째 삼각형을 선택하여 마우스 오른쪽 버튼을 클릭합니다. ❷[순서]를 선택하여 ❸'맨 뒤로'를 클릭합니다.

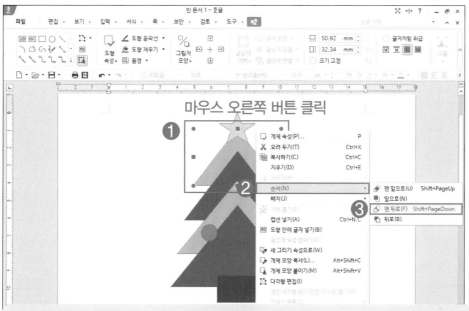

여러 개체에서 '맨 뒤로'는 제일 마지막 단계로 이동하는 기능이며, 단축키는 개체를 선택한 상태에서 Shift + Page Down 입니다. 반면, '뒤로'는 현재 위치에서 한 단계만 뒤로 이동합니다.

02 같은 방식으로 ❶두 번째 삼각형부터 ❷세 번째, ❸네 번째 삼각형까지 순서대로 '맨 뒤로'를 선택한 후, ❹맨 밑의 사각형도 '맨 뒤로'를 선택하여 개체의 순서를 바꿉니다.

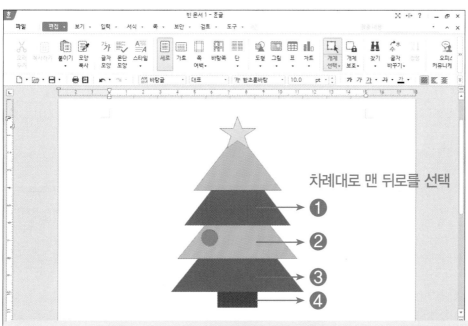

NOTE

여러 개체에서 순서를 정하는 방법을 '맨 뒤로' ' 뒤로', '맨 앞으로', '앞으로'의 기능이 있습니다.

여러 개체에서 '맨 앞으로'는 제일 첫 번째 단계로 이동하는 기능이며, 단축키는 개체를 선택한 상태에서 Shift + Page Up 입니다. 반면, '앞으로'는 현재 위치에서 한 단계만 앞으로 이동합니다.

·호로 선 그려서 그림 완성하기·

01 호를 이용하여 개체를 추가하기 위하여 ❶네 번째 삼각형 개체를 클릭합니다.

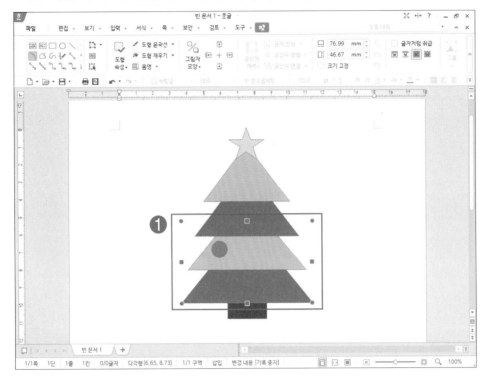

02 호를 그리기 위해 ❶[입력] 탭을 클릭한 후 ❷[개체]에서 ⟍(호)를 선택하고 ❸삼각형 위에 선택한 호를 드래그하여 그립니다.

03 개체의 속성을 수정하기 위해 ❶호를 선택한 다음 ❷마우스 오른쪽 버튼을 클릭한 후
❸[개체 속성]을 선택합니다.

원하지 않는 개체를 선택한 경우, [Shift] 키를 한 번 더 눌러 선택을 취소합니다.

04 [개체 속성] 대화상자에서 개체 색을 지우기 위해 ❶[채우기] 탭에서 '색 채우기 없음'을
클릭합니다.

05 이번에는 개체의 선을 수정하기 위해 ❶[선] 탭에서 ❷'종류'를 '원형 점선'을 선택한 후 ❸'굵기'는 '1mm'로 수정하고 ❹[설정]을 클릭합니다.

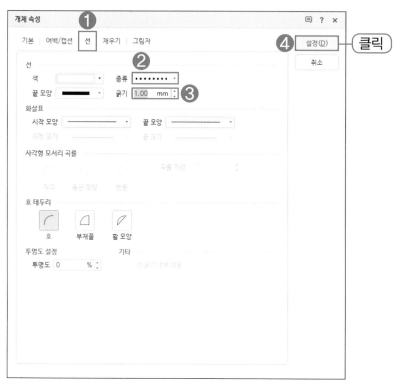

06 다음과 같이 호가 점선 모양의 선으로 표현되면 호와 원을 여러개 복사하여 트리를 완성합니다.

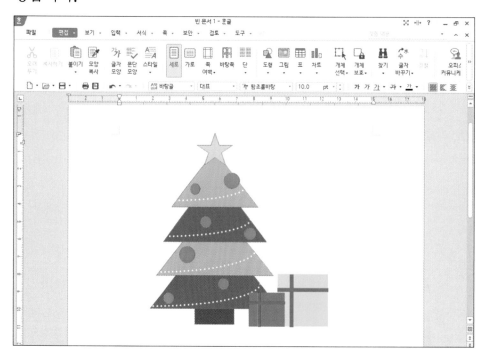

01 그리기 개체를 사용하여 다음 그림을 완성해 보세요.

▲ 완성파일 : check_08_01_완성.hwp

- 그리기 개체: 타원, 사각형
- 선 굵기: 1mm
- 눈썹: 사각형,
  선 굵기 0.12mm, 반원
- 얼굴색: RGB(233,161,033),
  RGB(254,095,095)
- 모자: 상향대각선, 노랑,
  RGB(254,095,095)

02 그리기 개체를 사용하여 다음 그림을 완성해 보세요.

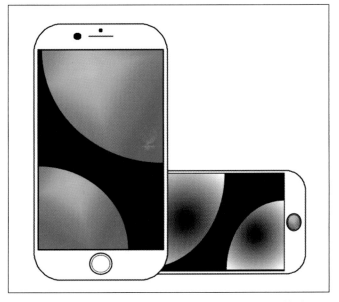

▲ 완성파일 : check_08_02_완성.hwp

- 그리기 개체 : 타원, 사각형
- 선 굵기 : 0.5mm, 0.25mm
- 도형 : 사각형, 둥근 모양
- 화면 : 그러데이션 '아마겟
  돈', '블랙홀'

09
SECTION

그림에 스타일 지정하기

작업 중인 한글 문서에 원하는 이미지를 추가하고 수정하는 방법을 알아봅니다. 주어진 이미지는 본문과의 배치, 여백을 지정하거나 이미지에 다양한 효과를 지정할 수 있습니다. 간단하게 이미지 효과를 지정하는 방법으로 스타일 기능도 알아봅니다.

PREVIEW

2018 평창 마스코트 '수호랑'

수호랑은 백호를 모티프로 하고 있습니다.
수호랑은 도전 정신과 열정뿐만 아니라
올림픽에 참가하는 선수. 참가자. 관중들을
지켜주는 씩씩한 친구입니다.

백호는 우리나라를 대표하는 수호동물입니다.
올림픽의 든든한 친구 수호랑의 이름은
보호를 의미하는 수호(Sooho)와
호랑이와 강원도 정선아리랑을
상징하는 랑(rang)을 담고 있습니다.

[출처 : https://www.pyeongchang2018.com/ko/mascots]

▲ 완성파일 : sec09_01_완성.hwp

학습내용

실습 01 그림 추가하기

실습 02 그림에 여백 지정하기

실습 03 그림 스타일 지정하기

체크포인트

● 원하는 그림을 찾아 문서에 추가할 수 있습니다.

● 그림 여백을 확인하고 지정할 수 있습니다.

● 그림에 알맞은 스타일을 선택하고 지정할 수 있습니다.

실습 01 그림 추가하기

▼ 준비파일 : sec09_01_준비.hwp

· 원하는 그림 찾아 추가하기 ·

01 준비파일에서 ❶본문 내용을 전체 블록 지정하고 ❷서식도구에서 [가운데 정렬]을 선택합니다.

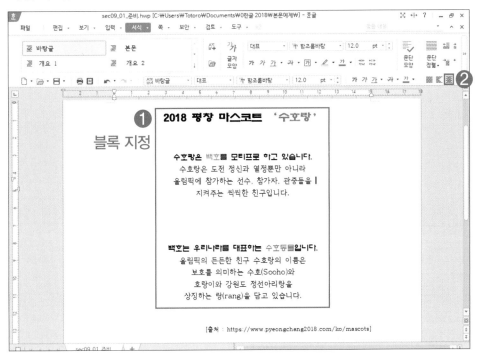

02 그림을 추가하기 위하여 ❶[입력] 탭의 ▼를 클릭하여 ❷[그림]을 선택하고 ❸[그림]을 클릭합니다.

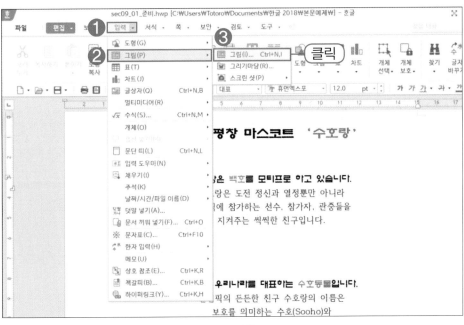

그림 단축 키는 Ctrl + N , C 입니다.

03 ❶[그림 넣기] 대화상자에서 '수호랑_01' 그림을 선택한 후 ❷[열기]를 클릭합니다. 대화
상자의 옵션은 '문서에 포함', '마우스로 크기 지정'을 선택한 상태입니다.

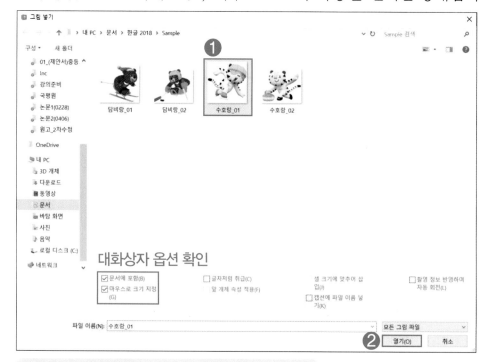

그림이 저장된 위치는 사용자마다 다를 수 있습니다.

04 마우스 포인터 모양이 + 모양으로 변경됩니다. ❶원하는 위치에서 마우스를 끌기하여
그림의 크기를 정합니다.

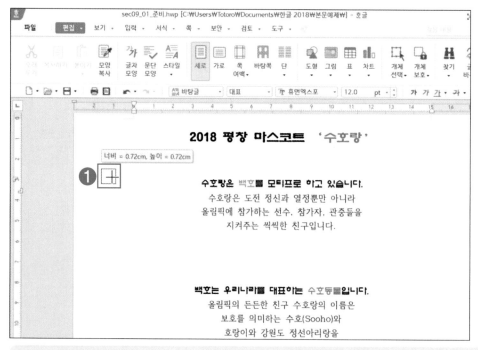

그림넣기 대화상자 옵션에서 '마우스로 크기 지정'를 지정하지 않으면 그림은 자동으로 입력됩니다.

그림에 여백 지정하기

• 본문과의 배치 확인하기 •

01 그림의 배치와 여백을 지정하기 위해 ❶그림을 더블클릭합니다.

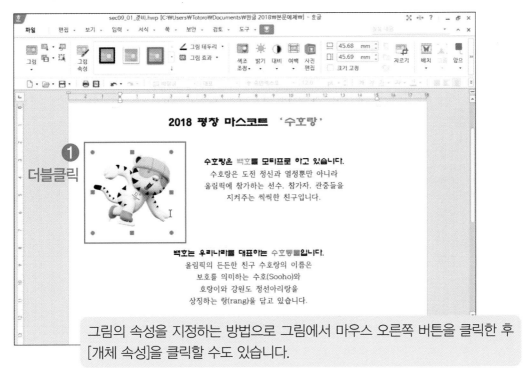

그림의 속성을 지정하는 방법으로 그림에서 마우스 오른쪽 버튼을 클릭한 후 [개체 속성]을 클릭할 수도 있습니다.

02 [개체 속성] 대화상자에서 ❶[기본] 탭을 클릭한 후 ❷배치에서 본문과의 배치 중 '어울림'을 선택합니다.

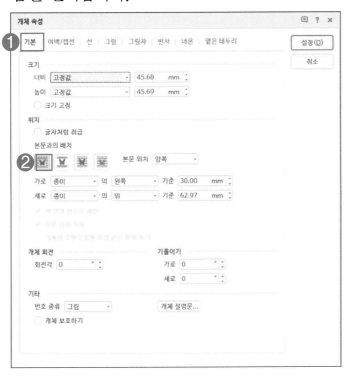

'본문과의 배치'는 개체와 본문을 어떤 방식으로 배치할 것인지를 정합니다. 개체 높이만큼 빈칸으로 자리를 채울 것인지(자리 차지), 개체를 투명하게 만들어 글과 겹치게 할 것인지(글 앞으로/글 뒤로), 개체의 주위로 글이 어울려 흘러 지나가도록 할 것인지(어울림)를 선택합니다.

05 이번에는 그림의 크기와 여백을 지정하기 위해 ❶[그림] 탭을 선택한 후 ❷확대/축소 비율에서 '30'을 입력합니다.

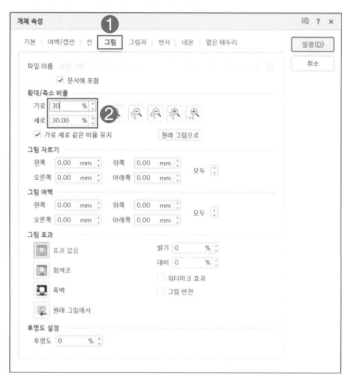

05 그림 여백은 ❶[그림] 탭에서 ❷그림 여백에 '3'을 입력하고 ❸[설정]을 클릭합니다.

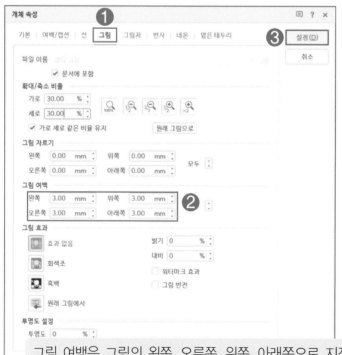

그림 여백은 그림의 왼쪽, 오른쪽, 위쪽, 아래쪽으로 지정하며, 원하는 방향만 숫자를 지정할 수도 있습니다.

03 그림의 크기와 속성이 지정되면 ❶그림을 클릭하여 원하는 위치로 이동합니다.

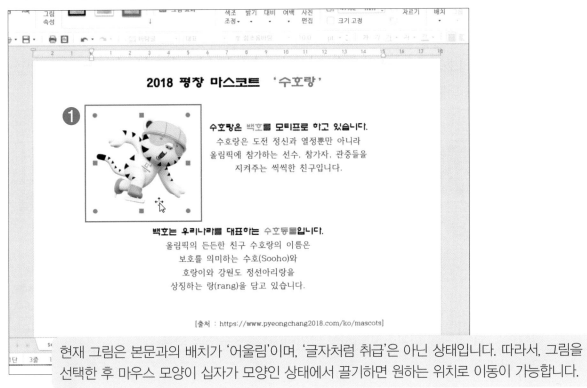

현재 그림은 본문과의 배치가 '어울림'이며, '글자처럼 취급'은 아닌 상태입니다. 따라서, 그림을 선택한 후 마우스 모양이 십자가 모양인 상태에서 끌기하면 원하는 위치로 이동이 가능합니다.

04 같은 방법으로 '수호랑_02'를 추가하여 다음과 같이 문서를 완성합니다.

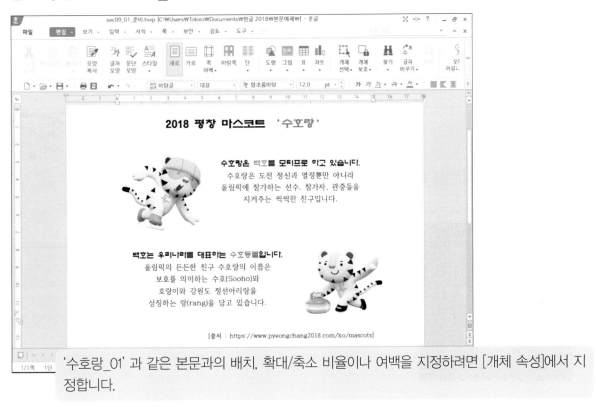

'수호랑_01'과 같은 본문과의 배치, 확대/축소 비율이나 여백을 지정하려면 [개체 속성]에서 지정합니다.

💡 알아두기 그림효과

그림 속성에서 그림효과는 문서에 삽입한 그림 파일에 대하여 회색조 처리를 하거나, 흑백 또는 워터마크로 바꾸는 등의 효과를 줄 수 있습니다.

그림효과는 그림을 더블클릭한 후 [개체 속성] 대화상자의 [그림] 탭에서 선택할 수 있습니다.

[효과 없음]

회색조나 흑백, 워터마크 같은 그림 효과를 주었던 그림 파일을 원래 이미지로 되돌려 줍니다.

[회색조]

선택한 그림 파일을 회색조 이미지로 변환하여 같은 수준의 회색으로 바꿔줍니다.

[워트마크 효과]

워터마크는 원래 그림에 '밝기: 70, 명암: −50'의 효과를 주어 그림을 밝고 명암 대비가 작은 그림으로 바꾸는 효과입니다.

[흑백]

선택한 그림 파일을 흑백 이미지로 바꿔줍니다.

[반전]

그림을 색상을 반대로 표현합니다.

• 스타일 지정하기 •

01 그림에 스타일 효과를 지정하기 위해 ❶'수호랑_01' 그림을 선택한 후, 그림 도구상자에서 ❷그림 스타일의 ┃(자세히)를 클릭합니다.

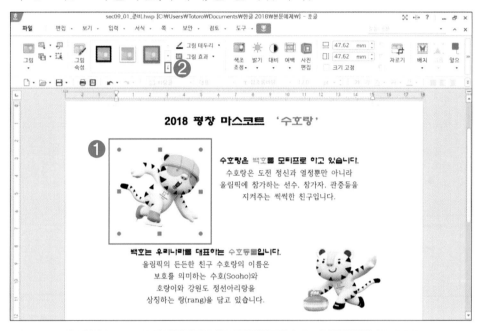

> 그림에서 스타일은 여러 개의 효과를 지정하여 만들어 놓은 기능입니다.

02 펼쳐진 스타일 목록에서 ❶'회색 아래쪽 그림자'를 클릭합니다.

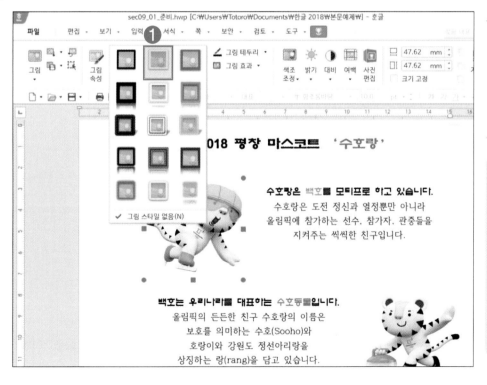

NOTE

그림 스타일은 원래 그림크기보다 더 크게 자리를 차지합니다.

스타일 목록에서 마우스를 클릭하여 변화되는 스타일을 확인할 수 있습니다. 선택한 그림 스타일을 취소하려면 목록에서 '그림 스타일 없음'을 선택합니다.

· 효과 지정하기 ·

01 그림에 효과를 지정하기 위해 ❶'수호랑_02' 그림을 선택한 후, 그림 도구상자에서 ❷ 그림 효과의 ▼단추를 클릭합니다.

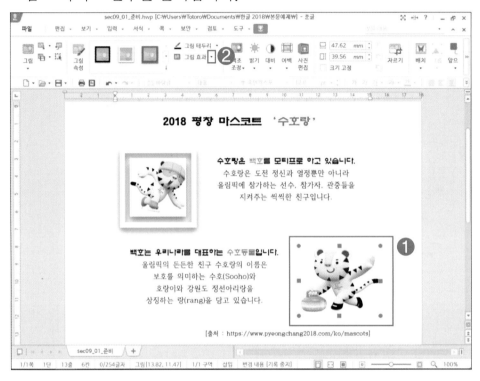

02 그림효과 목록에서 ❶반사를 선택한 후, 반사에서 ❷'1/3 크기, 근접'을 클릭합니다.

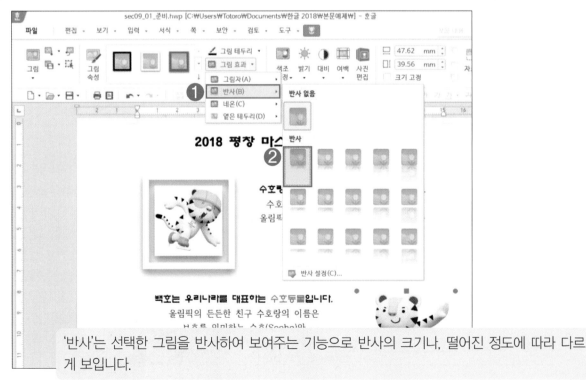

'반사'는 선택한 그림을 반사하여 보여주는 기능으로 반사의 크기나, 떨어진 정도에 따라 다르게 보입니다.

03 이번에는 그림효과 목록에서 ❶네온을 선택한 후, 네온에서 ❷노란색 가운데에 있는
네온을 클릭합니다.

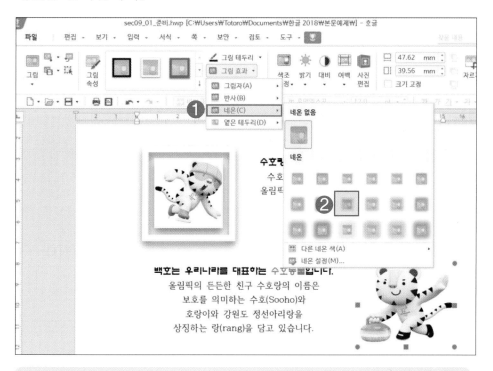

원하지 않는 개체를 선택한 경우, Shift 키를 한 번 더 눌러 선택을 취소합니다.

04 다음과 같이 다양한 그림 스타일과 그림 효과를 사용하여 그림을 완성합니다.

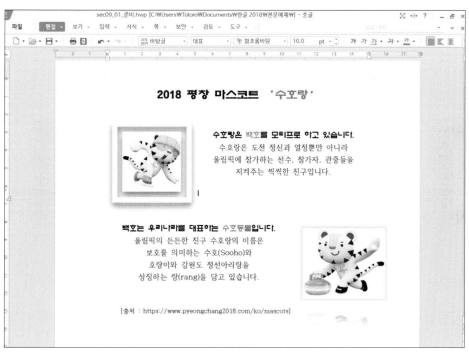

💡 알아두기 그림 스타일

'스타일(styles)'은 자주 사용하는 기능을 미리 정해 놓고 쓰는 것을 말합니다. 그림에서 스타일은 그림 효과를 미리 지정하여 만들어 놓은 기능으로 여러 효과를 한꺼번에 바꿀 수 있습니다. 그림 스타일은 그림을 클릭하여 [그림] 탭에서 선택할 수 있습니다.

[검정색 이중 그림자]

[흰색 이중 그림자]

[노란색 이중 그림자]

[에메랄드색 네온]

[옅은 테두리 반사]

[회색 그림자 옅은 테두리]

[붉은색 네온 이중 반사]

[갈색 반사]

[회색 네온 삼중 반사]

문제 풀어보기

01 준비파일에서 이미지를 추가하고 주어진 조건에 맞게 문서를 완성해 보세요.

- 그림 효과 : 그림자, 원근감, 대각선 오른쪽 위
- 그림스타일 : 회색 아래쪽 그림자
- 그림 스타일 : 회색 아래쪽 그림자
- 그림 효과 : 네온

▲ 준비파일 : check_09_01_준비.hwp / 완성파일 : check_09_01_완성.hwp

02 준비파일에서 이미지를 추가하고 주어진 조건에 맞게 문서를 완성해 보세요.

- 본문과의 배치 : 자리차지
- 본문과의 배치 : 글 뒤로
- 그림 효과 : 워터마크 효과

▲ 이미지 : 담비랑_01.jpg, 담비랑_02.jpg
▲ 준비파일 : check_09_02_준비.hwp / 완성파일 : check_09_02_완성.hwp

10
SECTION

표 만들기

표는 복잡한 텍스트를 간단하게 표현하는 방법입니다. 이번 시간에는 간단하게 표를 만드는 방법과 표를 삭제하는 방법을 알아봅니다. 표에서 사용 목적에 맞게 줄이나 칸을 추가하거나 삭제할 수 있으며, 가로와 세로로 구분되어 있는 셀을 나누거나 병합하는 방법도 알아봅니다.

PREVIEW

서울특별시	인천광역시	대전광역시	광주광역시
대구광역시	울산광역시	부산광역시	세종특별자치시 / 제주특별자치도
경기도	강원도	충청남도	충청북도
전라북도	전라남도	경상북도	경상남도

▲ 완성파일 : sec10_01_완성.hwp

학습내용

실습 01 표 만들기

실습 02 줄/칸 추가와 삭제하기

실습 03 셀 병합과 나누기

체크포인트

● 원하는 표를 만들 수 있습니다.

● 표의 줄이나 칸을 추가하거나 삭제할 수 있습니다.

● 표에서 셀을 병합하거나 나눌 수 있습니다.

표 만들기

• 표 만들기 •

01 한글 2018을 실행하고 ❶[입력] 탭의 ▼를 클릭합니다. ❷메뉴에서 [표]를 선택한 후 ❸ 표 화면에서 마우스를 3줄 × 4칸 만큼 이동한 후 클릭합니다.

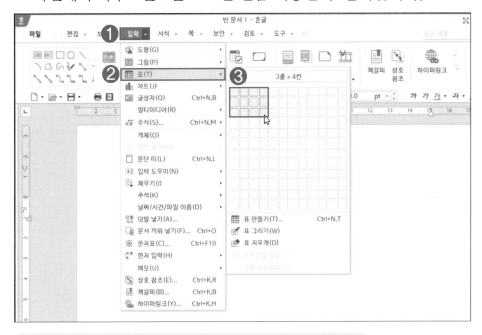

> 표 그리기에서 마우스를 이동하면 선택된 표의 색이 변합니다.

02 선택한 3줄 × 4칸 표가 표시됩니다. 이 표는 12개의 셀로 이루어져 있습니다.

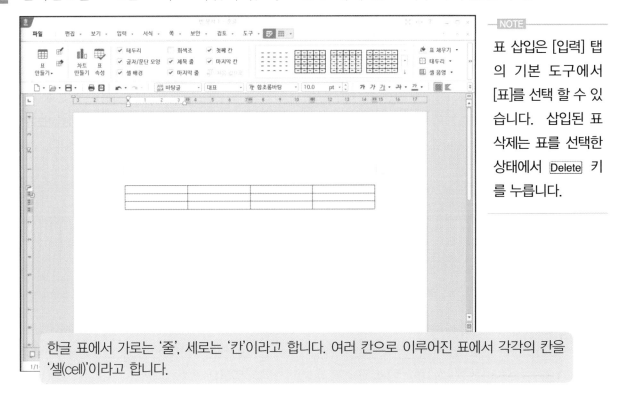

> **NOTE**
>
> 표 삽입은 [입력] 탭의 기본 도구에서 [표]를 선택 할 수 있습니다. 삽입된 표 삭제는 표를 선택한 상태에서 Delete 키를 누릅니다.

> 한글 표에서 가로는 '줄', 세로는 '칸'이라고 합니다. 여러 칸으로 이루어진 표에서 각각의 칸을 '셀(cell)'이라고 합니다.

• 표 크기 조절하기 •

01 표의 크기를 변경하기 위해 ❶마우스로 표 전체를 블록 지정합니다. ❷표의 맨 아래 줄에 마우스를 이동하여 마우스 포인트가 화살표 모양이 변하는 위치에 둡니다.

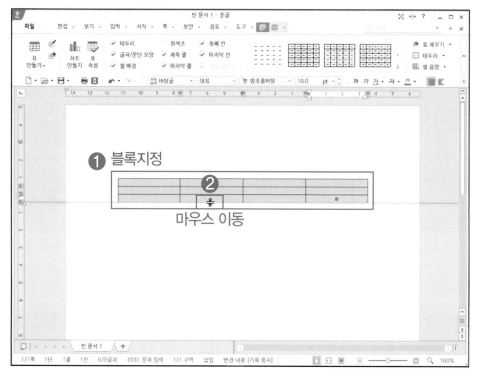

02 마우스 포인트가 화살표 모양에서 ❶마우스를 아래쪽 방향으로 끌기합니다.

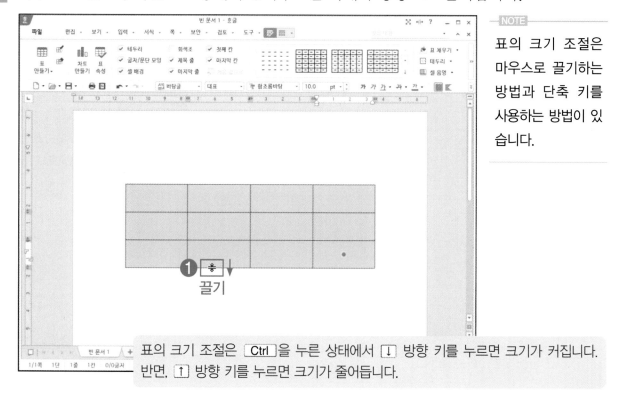

NOTE

표의 크기 조절은 마우스로 끌기하는 방법과 단축 키를 사용하는 방법이 있습니다.

표의 크기 조절은 Ctrl 을 누른 상태에서 ↓ 방향 키를 누르면 크기가 커집니다. 반면, ↑ 방향 키를 누르면 크기가 줄어듭니다.

03 칸의 크기를 조절하기 위해 마우스를 표의 오른쪽 끝으로 이동한 후 ❶마우스 포인트 모양이 화살표 모양으로 바뀌는 위치에 둡니다.

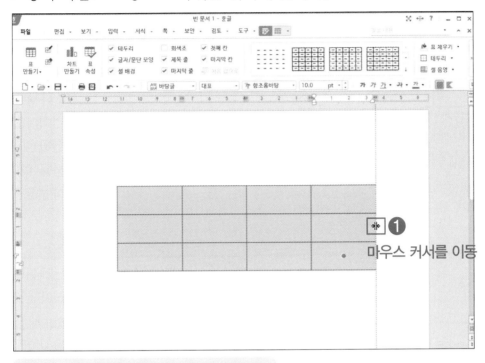

> 블록이 지정된 셀은 같은 크기로 변경됩니다.

04 마우스를 왼쪽으로 끌면 표의 가로 크기가 변경됩니다. 지정된 블록의 해제는 Esc 를 누르거나 빈 화면을 클릭합니다.

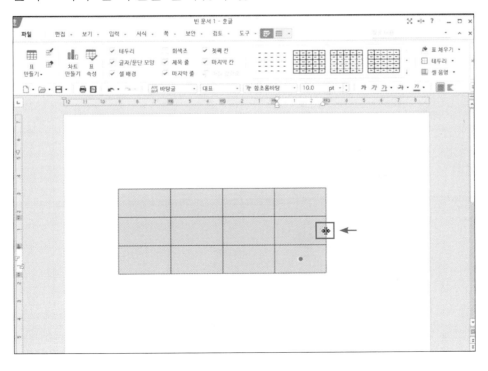

• 줄/칸 추가하기 •

01 표에서 맨 아래 줄을 추가하기 위해 ❶표의 마지막 줄인 3번째 줄의 셀을 자유롭게 선택합니다. ❷탭에서 ▦(표 레이아웃)을 클릭하고 ❸ ⊩(줄/칸 추가하기)를 선택합니다.

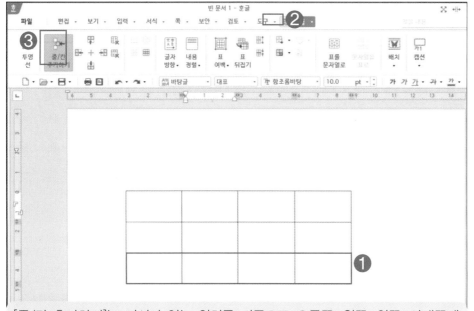

[줄/칸 추가하기]는 커서가 있는 위치를 기준으로 오른쪽, 왼쪽, 위쪽, 아래쪽에 추가됩니다. 위와 같은 경우, 3번째 줄의 4개의 셀 중에서 자유롭게 선택할 수 있습니다.

(표 디자인): 표 디자인이나 스타일을 편집하는데 필요한 기능을 아이콘으로 모아 놓은 곳

(표 레이아웃): 표 레이아웃 요소를 편집하는데 필요한 기능을 아이콘으로 모아 놓은 곳

02 [줄/칸 추가하기] 대화상자에서 ❶ ▦(아래쪽에 줄 추가하기)를 선택하고 ❷'줄/칸 수'에서 추가할 수를 입력한 후 ❸[추가]를 클릭합니다.

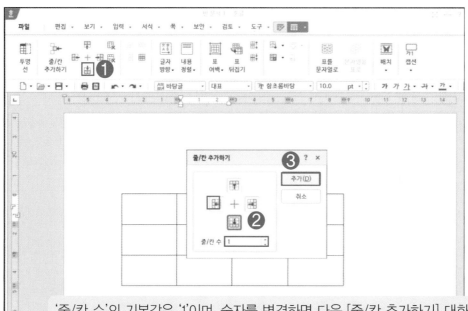

'줄/칸 수'의 기본값은 '1'이며, 숫자를 변경하면 다음 [줄/칸 추가하기] 대화상자를 사용할 경우 '줄/칸 수'는 변경된 숫자로 표시됩니다.

03 이번에는 표에서 맨 오른쪽 칸 수를 추가하기 위해 ❶표의 4번째 칸의 셀을 자유롭게 선택합니다. ❷탭에서 ▦(표 레이아웃)을 클릭하고 ❸ ⊞(줄/칸 추가하기)를 선택합니다.

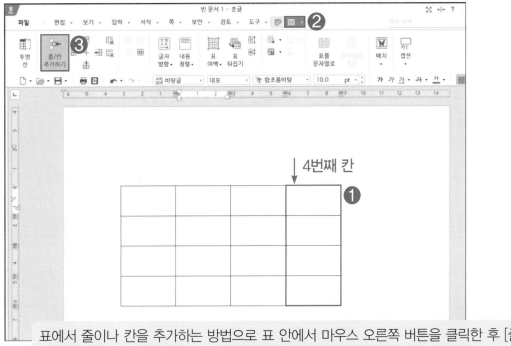

표에서 줄이나 칸을 추가하는 방법으로 표 안에서 마우스 오른쪽 버튼을 클릭한 후 [줄/칸 추가하기]를 선택하거나 단축키로 [Alt] + [Insert] 키를 사용할 수 있습니다.

04 [줄/칸 추가하기] 대화상자에서 ❶ ⊞(오른쪽에 줄 추가하기)를 선택하고 ❷'줄/칸 수'에서 추가할 수를 입력한 후 ❸[추가]를 클릭합니다.

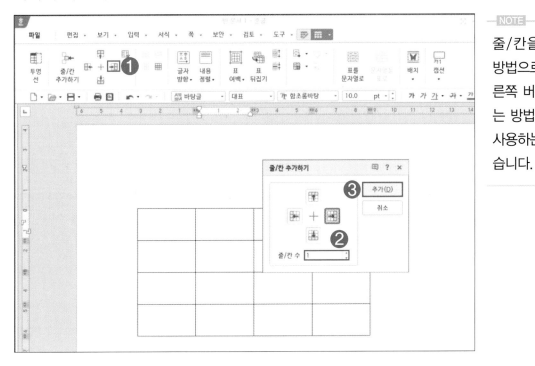

─ NOTE ─

줄/칸을 추가하는 방법으로 마우스 오른쪽 버튼을 선택하는 방법과 단축키를 사용하는 방법이 있습니다.

・줄/칸 지우기・

01 이번에는 가운데 칸을 지우기 위해 ❶3번째 칸의 셀을 자유롭게 선택합니다. ❷탭에서 ▦(표 레이아웃)을 클릭하고 ❸ ▦(칸 지우기)를 선택합니다.

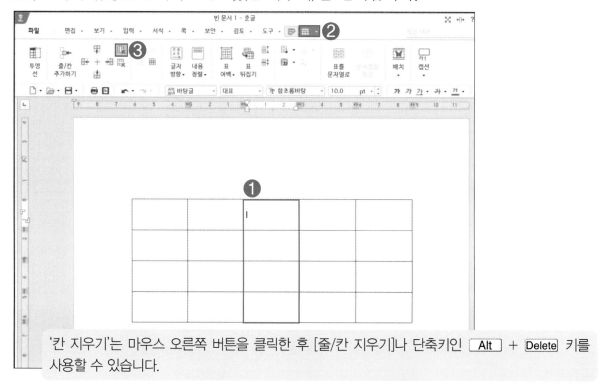

'칸 지우기'는 마우스 오른쪽 버튼을 클릭한 후 [줄/칸 지우기]나 단축키인 Alt + Delete 키를 사용할 수 있습니다.

02 다음과 같이 4줄×5칸 표가 4줄×4칸 표로 변경되었습니다.

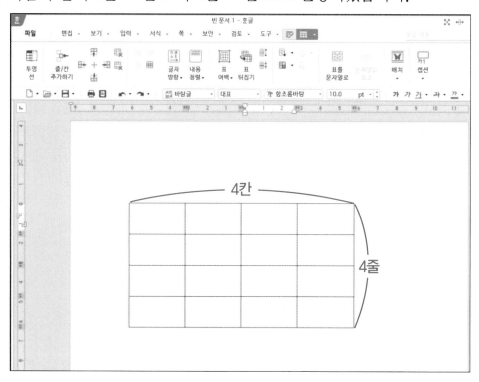

03 이번에는 두 번째 줄을 지우기 위해 **❶**2번째 줄의 셀을 자유롭게 선택합니다. **❷**탭에서 (표 레이아웃)을 클릭하고 **❸** (줄 지우기)를 선택합니다.

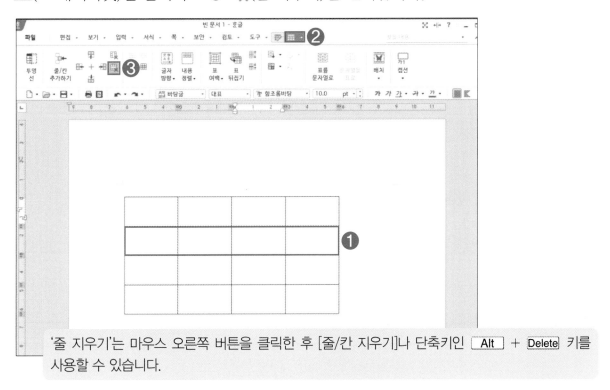

'줄 지우기'는 마우스 오른쪽 버튼을 클릭한 후 [줄/칸 지우기]나 단축키인 ⌈Alt⌋ + ⌈Delete⌋ 키를 사용할 수 있습니다.

04 다음과 같이 4줄×4칸 표가 3줄×4칸 표로 변경되었습니다.

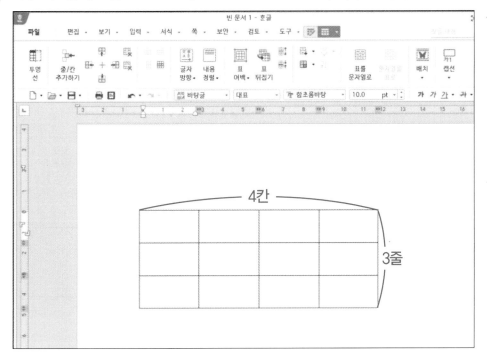

NOTE

줄/칸을 지우는 방법으로 마우스 오른쪽 버튼을 선택하는 방법과 단축키를 사용하는 방법이 있습니다.

03 셀 병합과 나누기

· 셀 병합하기 ·

01 여러 개의 셀 합치기는 블록을 지정해야 합니다. ❶2번째 줄의 2번째 칸과 3번째 칸을 블록 지정하고 ❷마우스 오른쪽 버튼을 클릭한 후 ❸[셀 합치기]를 선택합니다.

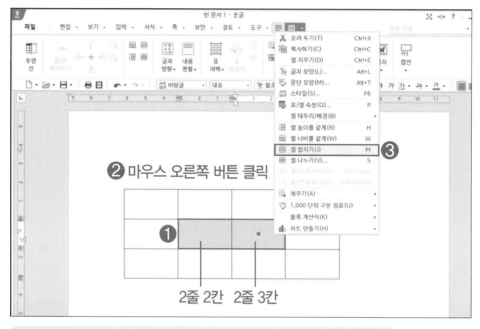

셀 합치기의 단축키는 블록을 지정한 후 알파벳 M을 클릭합니다.

· 셀 나누기 ·

01 병합한 셀을 나누기 위해 ❶병합한 2번째 줄 2번째 칸을 선택하고 ❷마우스 오른쪽 버튼을 클릭한 후 ❸[셀 나누기]를 선택합니다.

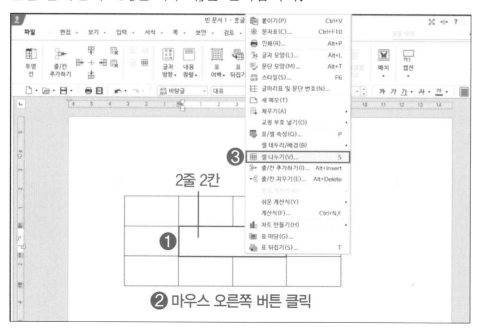

02 [셀 나누기] 대화상자에서 ❶'칸 개수'를 '3'으로 선택하고 ❷[나누기]를 클릭합니다.

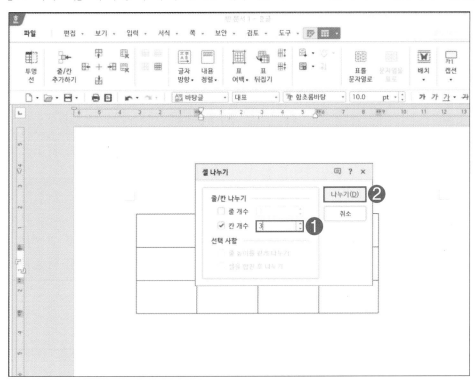

03 이번에는 줄을 나누기 위해 ❶3번째 줄의 4번째 칸을 선택하고 ❷마우스 오른쪽 버튼을 클릭한 후 ❸[셀 나누기]를 선택합니다.

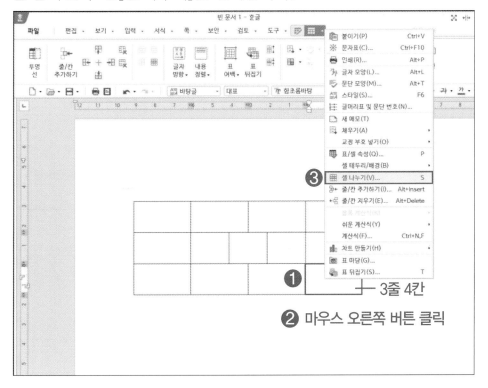

04 [셀 나누기] 대화상자에서 ❶'줄 개수'를 '2'로 선택하고 ❷[나누기]를 클릭합니다.

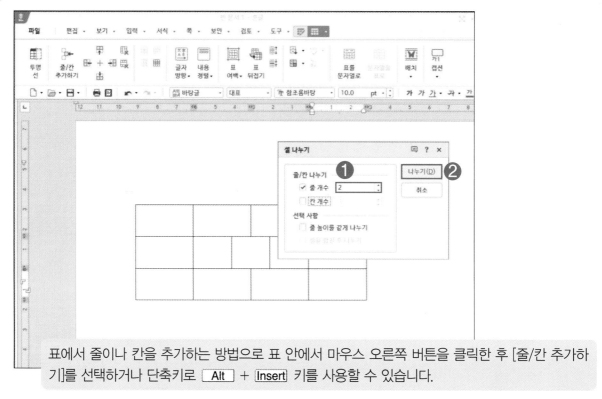

> 표에서 줄이나 칸을 추가하는 방법으로 표 안에서 마우스 오른쪽 버튼을 클릭한 후 [줄/칸 추가하기]를 선택하거나 단축키로 [Alt] + [Insert] 키를 사용할 수 있습니다.

05 표에서 3번째 줄의 4번째 칸의 셀이 2개로 변경되었습니다.

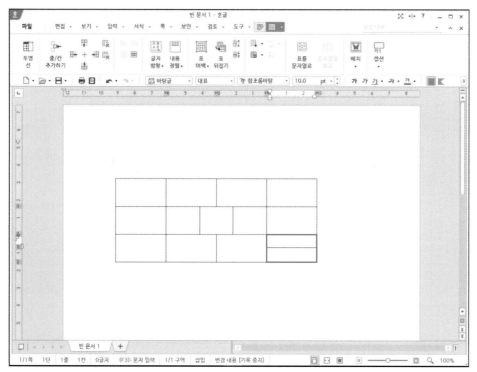

01 다음과 같이 3줄 × 3칸 표를 만들고, 2번째 줄 2번째 칸의 셀을 3칸으로 나누어 보세요.

▲ 완성파일 : check_10_01_완성.hwp

02 준비파일에서 2번째 줄을 추가하고 2번째 줄의 4칸을 2칸으로 나누어 '제주특별자치도'를 입력해 보세요.

서울특별시	인천광역시	대전광역시	광주광역시
대구광역시	울산광역시	부산광역시	세종특별자치시
			제주특별자치도
경기도	강원도	충청남도	충청북도
전라북도	전라남도	경상북도	경상남도

▲ 준비파일 : check_10_02_준비.hwp / 완성파일 : check_10_02_완성.hwp

11
SECTION

건강한 주간 식단표 만들기

표는 사용 목적에 맞게 크기를 지정하여 만들 수 있습니다. 작업에 따라 표에 줄을 추가하거나, 병합할 수 있습니다. 셀 배경은 원하는 셀의 크기를 지정하거나 각각의 셀 배경을 지정할 있으며, 셀 테두리를 지정하여 원하는 부분을 강조할 수 있습니다. 기존의 표에서 줄을 추가하거나 셀의 배경, 셀 테두리를 지정하는 방법을 알아봅니다.

PREVIEW

금주의 식단표

		월요일	화요일	수요일	목요일	금요일
아침		흰쌀밥	잡곡밥	흰쌀밥	잡곡밥	흰쌀밥
		배추김치	무김치	배추김치	무김치	배추김치
		시금치된장국	미역국	배추된장국	어묵탕	김치국
점심		하이라이스	카레라이스	사천잡탕밥	김떡만	마파두부
		야구르트	오렌지 쥬스	탄산음료	메추리알샐러드	탄산음료
저녁		잡곡밥	흰쌀밥	잡곡밥	흰쌀밥	잡곡밥
		무김치	배추김치	무김치	배추김치	무김치
		숙주볶음	야채볶음	돼지고기볶음	라볶이	새우볶음
		시금치된장국	미역국	배추된장국	어묵탕	김치국

▲ 완성파일 : sec11_01_완성.hwp

학습내용

실습 01 줄 삽입하고 병합하기

실습 02 자동 채우기

실습 03 셀 속성 지정하기

체크포인트

● 표에서 줄을 삽입하거나 병합할 수 있습니다.

● 자동채우기 기능으로 요일을 자동으로 채울 수 있습니다.

● 셀 배경색이나 표의 테두리를 지정할 수 있습니다.

줄 삽입하고 병합하기

▼ 준비파일 : .sec11_01_준비.hwp

· 줄 삽입하고 크기 조절하기 ·

01 준비파일에서 첫 번째 칸을 추가하기 위해 ❶1줄 1칸 셀을 클릭합니다. ❷탭에서 ▦ (표 레이아웃)을 클릭하고 ❸ ⊞(왼쪽에 칸 추가하기)를 선택합니다.

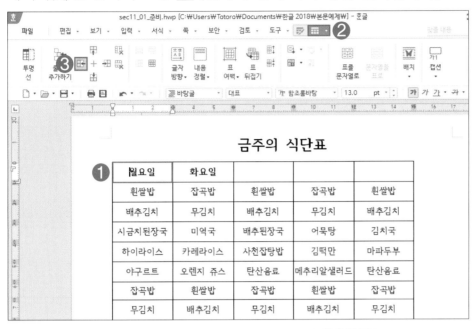

⊞(왼쪽에 칸 추가하기)는 선택한 셀의 왼쪽에 칸을 추가합니다.

02 ❶추가된 1번째 칸 전체를 블록 지정한 후 ❷마우스로 셀 크기를 조절합니다.

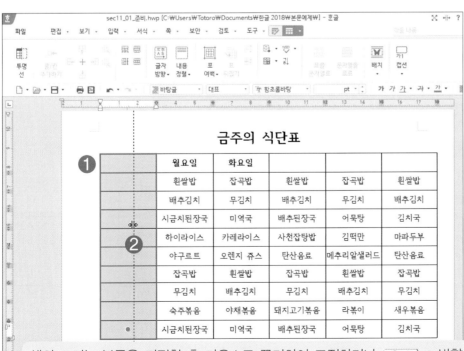

셀의 크기는 블록을 지정한 후 마우스로 끌기하여 조절하거나 Ctrl + 방향 키를 눌러 크기를 조절합니다.

· 셀 병합하기 ·

01 식단표의 1번째 칸에서 ❶2번째 줄에 '아침', ❷5번째 줄에 '점심', ❸7번째 줄에 '저녁'을 입력합니다.

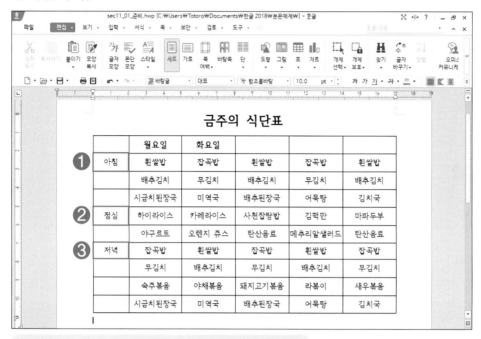

표에서 셀의 이동은 방향키나 [Esc]를 사용합니다.

02 표에서 셀을 합치기 위해 ❶1번째 칸의 2~4번째 셀을 블록 지정한 후 ❷마우스 오른쪽 버튼을 클릭하여 ❸[셀 합치기]를 선택합니다.

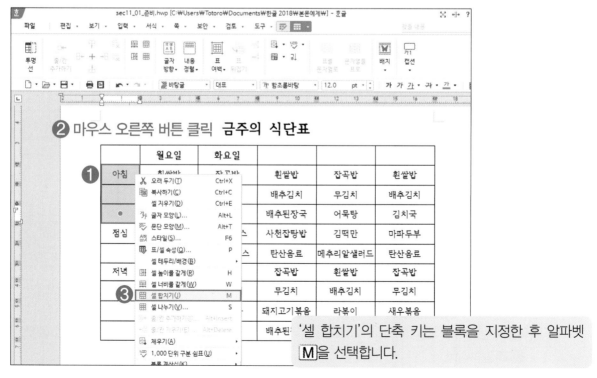

'셀 합치기'의 단축 키는 블록을 지정한 후 알파벳 [M]을 선택합니다.

03 표에서 ❶1번째 칸의 5~6번째 셀을 합치기 한 후 ❷1번째 칸의 7~10번째 셀도 합치기 합니다.

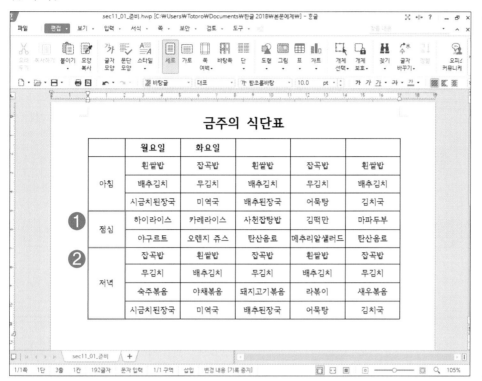

NOTE

'셀을 합치기'는 반드시 합치고자 하는 셀의 범위를 지정해야합니다 .
'셀 나누기'는 하나의 셀만 선택하여 여러 개 의 셀로 나눌 수 있습니다.
'셀 나누기'에서 단축 키는 알파벳 Ⓢ 이며, F5 키를 눌러 블록이 지정된 상태에서 사용할 수 있습니다.

💡 **알아두기** 표의 셀 크기 조절하기

▶ 마우스로 끌기하기

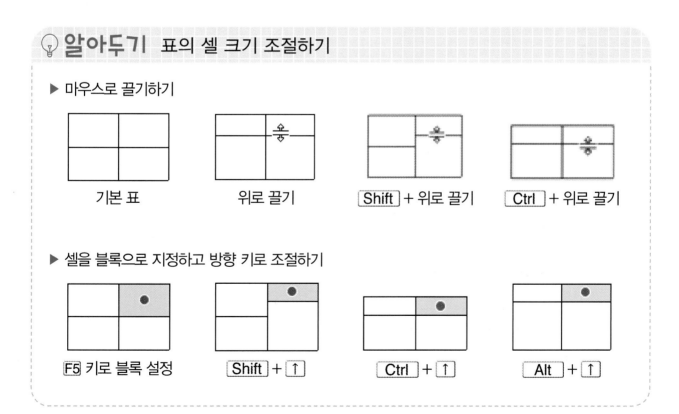

| 기본 표 | 위로 끌기 | Shift + 위로 끌기 | Ctrl + 위로 끌기 |

▶ 셀을 블록으로 지정하고 방향 키로 조절하기

| F5 키로 블록 설정 | Shift + ↑ | Ctrl + ↑ | Alt + ↑ |

자동 채우기

01 이번에는 표에 자동 채우기 기능을 사용하기 위해 ❶1번째 줄의 2~6번째 셀을 블록 지정합니다.

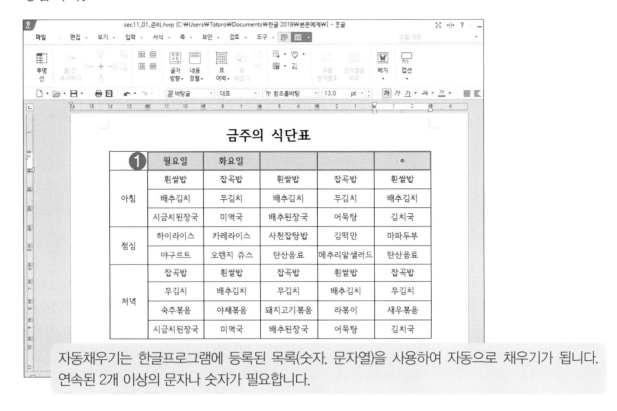

자동채우기는 한글프로그램에 등록된 목록(숫자, 문자열)을 사용하여 자동으로 채우기가 됩니다. 연속된 2개 이상의 문자나 숫자가 필요합니다.

02 ❶마우스 오른쪽 버튼을 클릭히여 ❷[채우기]를 선택하고 ❸[표 자동 채우기]를 클릭합니다.

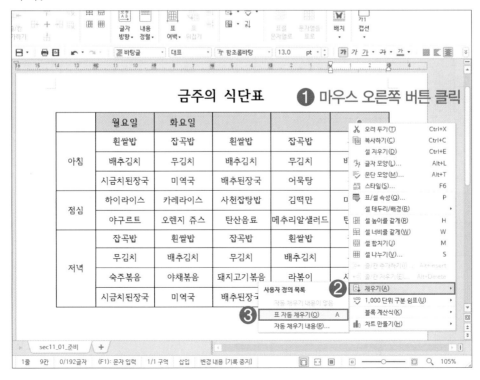

03 다음과 같이 화요일 다음에 '수요일', '목요일', '금요일'이 자동으로 추가됩니다.

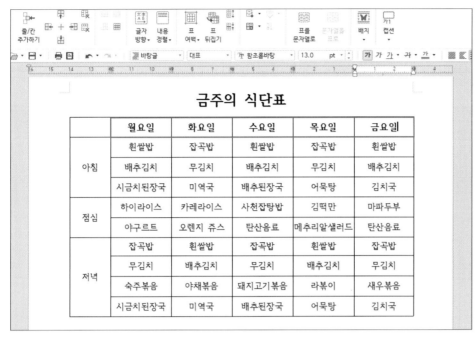

자동채우기는 연속된 문자열이나 숫자를 블록지정한 후에 사용합니다. 연속되지 않은 경우는 복사 기능으로 동일한 문자열이나 숫자가 채우기됩니다.

💡 알아두기   자동채우기

▶ 하나의 문자열만 포함하여 블록을 지정할 경우

: 선택한 셀에 포함된 문자열과 동일한 문자열로 자동 입력, 복사 기능

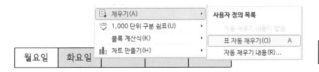

▶ 연속된 숫자셀만 포함하여 블록을 지정할 경우

: 연속된 숫자의 간격만큼 자동으로 숫자 입력

▶ 하나의 숫자셀만 포함하여 블록을 지정할 경우

: 선택한 셀에 포함된 숫자와 동일한 숫자로 자동 입력, 복사 기능

• 셀 배경 지정하기 •

01 이번에는 셀의 배경색을 지정하기 위해 ❶1번째 줄의 2~6번 셀을 블록 지정한 후 ❷탭에서 (표 디자인)을 선택합니다. 표 디자인에서 ❸ (표 채우기)의 선택 버튼을 클릭한 후 ❹색상판에서 '주황색 60% 밝게'를 선택합니다.

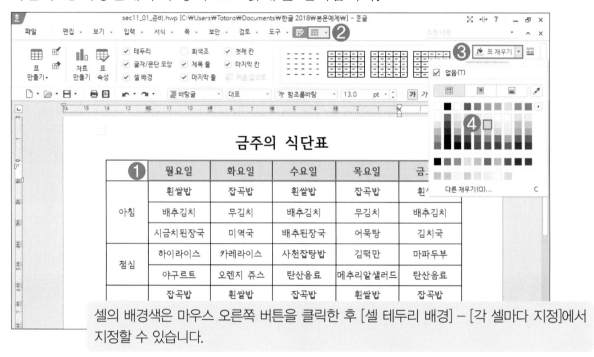

> 셀의 배경색은 마우스 오른쪽 버튼을 클릭한 후 [셀 테두리 배경] – [각 셀마다 지정]에서 지정할 수 있습니다.

02 지정된 블록은 빈 화면을 클릭하거나 Esc 키를 눌러 해제합니다.

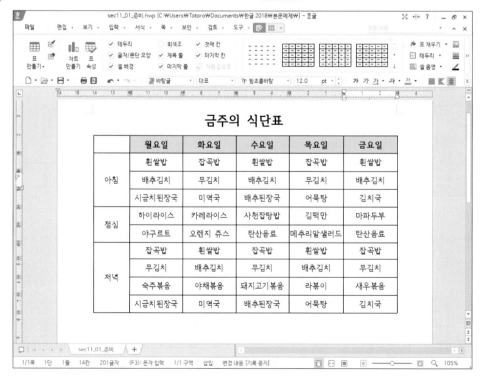

• 셀 테두리 지정하기 •

01 이번에는 셀 테두리를 지정하기 위해 ❶1번째 줄을 블록 지정한 후 ❷마우스 오른쪽 버튼을 클릭합니다. ❸[셀 테두리 배경]을 선택한 후 ❹[각 셀마다 지정]을 선택합니다.

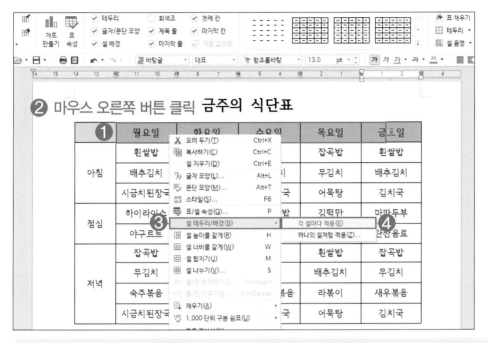

> 셀 테두리 지정은 표 디자인 탭에서 '테두리', '테두리 종류'등을 각각 선택하여 변경할 수 있습니다.

02 [셀 테두리/배경] 대화상자에서 ❶종류는 '이중선'을 선택하고 ❷'아래쪽 테두리'를 클릭한 후 ❸[설정]을 선택합니다.

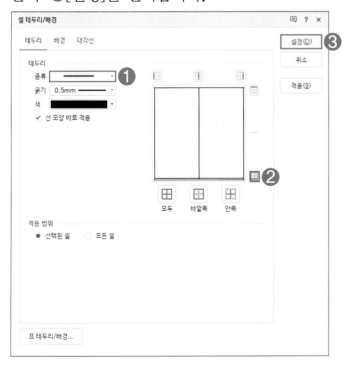

> 테두리의 굵기와 색은 기본값으로 지정합니다.

03 표에서 1번째 줄의 아래쪽 선이 '이중선'으로 변경되었습니다. 원하는 셀을 선택하여 다음과 같이 배경색을 지정하여 완성합니다.

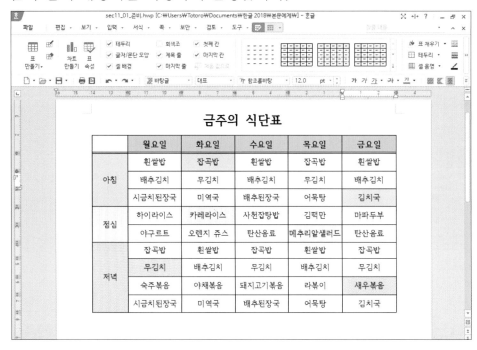

셀 배경색 지정은 ▨(표 디자인)에서 ▨(표 채우기)를 사용합니다.

💡 알아두기 표 나누기 / 표 붙이기

▶ 표 나누기

❶ 분리되는 표의 맨 위쪽 셀에 커서를 이동합니다. ❷ ▦(표 레이아웃)의 목록 버튼을 클릭한 후 ❸ [표 나누기]를 선택합니다.

▶ 표 붙이기

❶ 분리된 위쪽 표에서 맨 아래쪽 셀에 커서를 이동합니다. ❷ ▦(표 레이아웃)의 목록 버튼을 클릭한 후 ❸ [표 붙이기]를 선택합니다.

01   준비파일을 열고, 다음과 같은 표를 완성해 보세요.

- 테두리 굵기 : 0.12mm, 0.4mm
- 셀 배경색 : 시멘트색 80% 밝게, 노랑 80% 밝게, 하늘색 80% 밝게

월	화	수	목	금	토	일
		1	2	3	4	5
6	7	8	9	10	11	12
13	14	15	16	17	18	19
20	21	22	23	24	25	26
27	28	29	30	31		

2019년 **5월**

▲ 준비파일 : check_11_01_준비.hwp / 완성파일 : check_11_01_완성.hwp

02   준비파일에서 셀 나누기와 줄 추가하기, 셀 배경색, 셀 테두리를 지정하여 완성해 보세요.

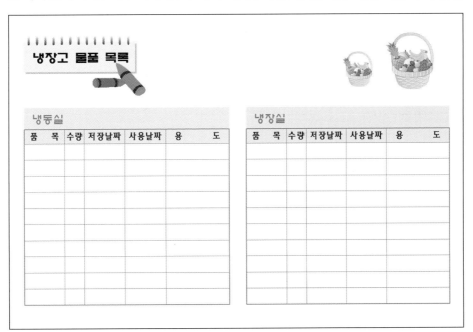

▲ 준비파일 : check_11_02_준비.hwp / 완성파일 : check_11_02_완성.hwp

- 테두리 굵기 : 0.12mm, 0.4mm
- 셀 배경색 : 하늘색 80% 밝게, 보라 80% 밝게
- 셀 나누기 : 5칸
- 셀 합치기

12 차트 만들기

SECTION

차트는 주어진 자료를 한눈에 파악하기 쉽게 다양한 그래프 형식으로 제공하는 기능입니다. 표로 제공된 자료를 잘 표현할 수 있는 차트 종류를 선택하고, 차트 디자인을 변경하거나 차트의 제목이나 데이터를 변경하는 방법을 알아봅니다.

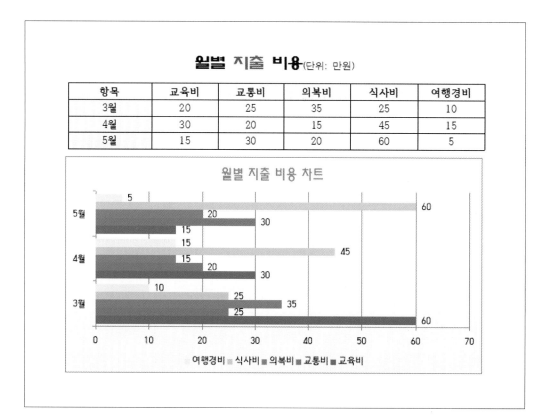

▲ 완성파일 : sec12_01_완성.hwp

학습내용

실습 01 표로 차트 만들기

실습 02 차트 디자인 변경하기

실습 03 차트 데이터 변경하기

체크포인트

● 표로 주어진 자료를 차트로 만들 수 있습니다.

● 차트 종류 및 디자인을 변경할 수 있습니다.

● 차트 제목이나 데이터를 변경할 수 있습니다.

표로 차트 만들기

▼ 준비파일 : sec12_01_준비.hwp

• 차트 삽입하기 •

01 준비파일을 불러와 ❶파일에서 표를 블록 지정한 후 ❷ 📝 (표 디자인)에서 📊 (차트 만들기)를 클릭합니다.

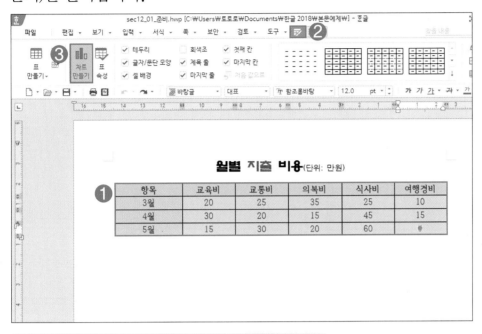

차트 선택은 블록을 지정하거나 표 전체를 클릭합니다.

02 차트를 구성하는 데이터를 관리하는 [차트 데이터 편집] 창이 표시됩니다. ❶[차트 데이터 편집] 창을 [닫기]합니다.

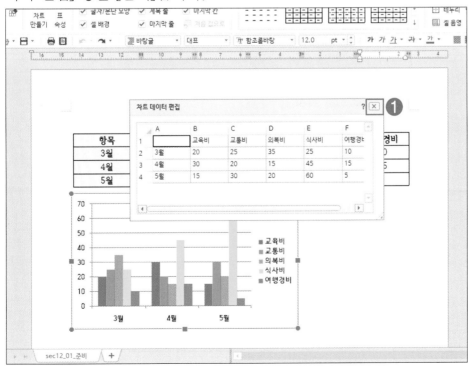

차트 데이터 편집 창은 자동으로 표시되어 데이터를 확인하거나 수정할 수 있습니다.

• 차트 크기 조절하기 •

01 차트의 크기는 ❶차트를 클릭하면 ❷표시되는 크기 조절점 8개 중에서 하나의 점에 마우스를 이동한 후 ❸원하는 방향으로 끌기합니다.

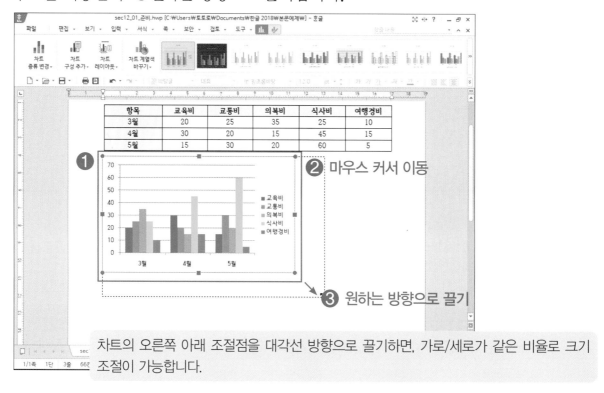

> 차트의 오른쪽 아래 조절점을 대각선 방향으로 끌기하면, 가로/세로가 같은 비율로 크기 조절이 가능합니다.

02 다음과 같은 세로 막대그래프가 완성됩니다.

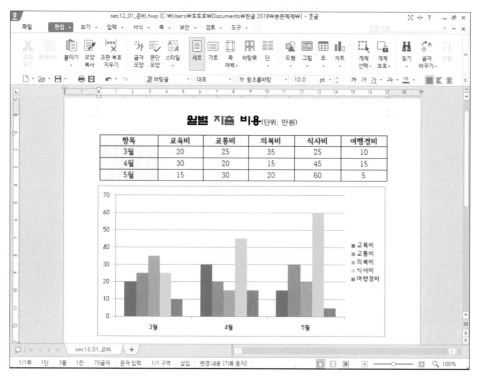

실습 02 차트 디자인 변경하기

• 차트 모양 변경하기 •

01 차트의 종류 변경은 **❶**차트를 클릭한 후 **❷** ▐▌(차트 종류 변경)을 선택하여 **❸**'가로 막대형'에서 '묶은 가로 막대형'을 선택합니다.

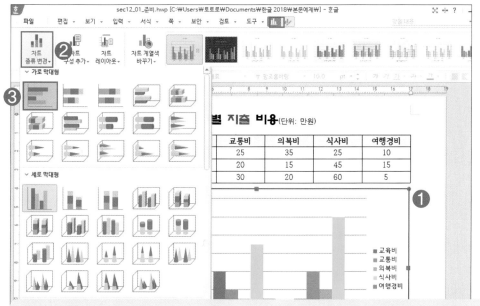

차트 종류는 가로 막대형, 세로 막대형, 꺾은선/영역형, 원형, 분산형, 기타가 있습니다.

• 차트 구성 변경하기 •

01 차트 구성 변경은 **❶**차트를 클릭한 후 **❷** ▐▌(차트 구성 추가)를 선택합니다. **❸**차트 구성 추가 메뉴에서 [범례]를 클릭한 후 **❹**'아래쪽'을 선택합니다.

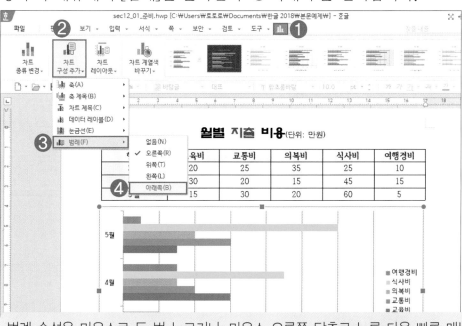

범례 속성은 마우스로 두 번 누르거나, 마우스 오른쪽 단추로 누른 다음 빠른 메뉴에서 [범례 속성]을 선택하여 변경할 수 있습니다.

NOTE

차트는 '축', '축 제목', '차트 제목', '데이터 레이블', '눈금선', '범례'로 구성되어 있습니다.

• 차트 레이아웃 변경하기 •

01 차트 레이아웃 변경은 ❶ ▥(차트 레이아웃)을 선택하여 ❷이미지 꾸러미에서 '레이아웃 3'을 선택합니다.

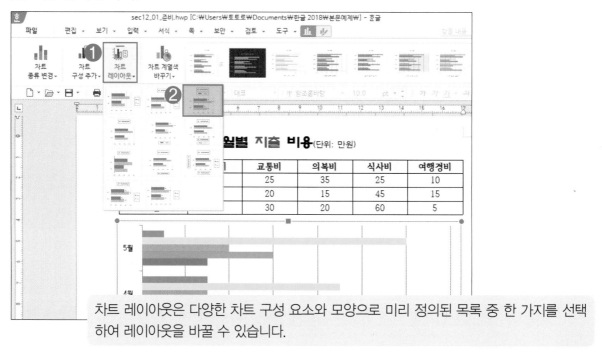

차트 레이아웃은 다양한 차트 구성 요소와 모양으로 미리 정의된 목록 중 한 가지를 선택하여 레이아웃을 바꿀 수 있습니다.

• 차트 계열색 바꾸기 •

01 차트 계열색 변경은 ❶ ▥(차트 계열색 바꾸기)를 선택하여 ❷[단색 조합]의 '색10'을 클릭합니다.

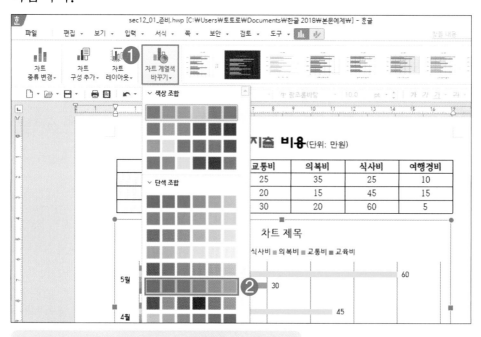

차트 계열색의 기본색은 [색상 조합]의 '색1'입니다.

02 다음과 같이 차트 계열색이 단색 조합의 '색10'으로 변경됩니다.

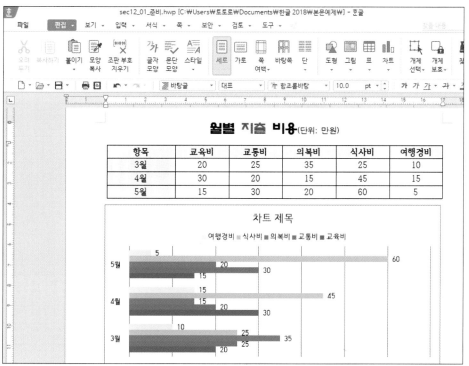

• **차트 스타일 바꾸기** •

01 차트 스타일 변경은 차트 디자인 탭에서 ❶배경 효과가 지정된 '스타일 4'을 클릭합니다.

NOTE

차트에 포함된 모양이나 구성, 레이아웃, 계열색, 스타일 등은 반드시 차트를 선택한 상태에서 변경할 수 있습니다.

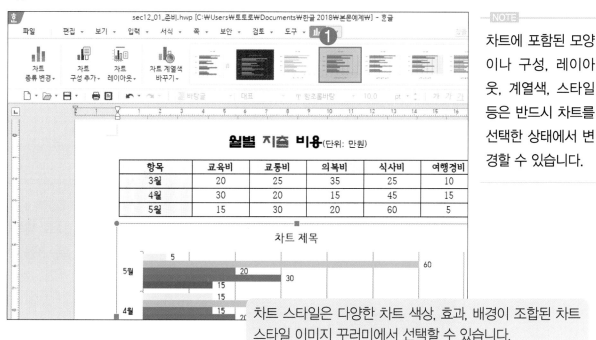

차트 스타일은 다양한 차트 색상, 효과, 배경이 조합된 차트 스타일 이미지 꾸러미에서 선택할 수 있습니다.

• 차트 제목 변경하기 •

01 이번에는 차트 제목을 변경하기 위해 ❶'차트 제목'에서 마우스 오른쪽 버튼을 클릭한 후 ❷[제목 편집]을 선택합니다.

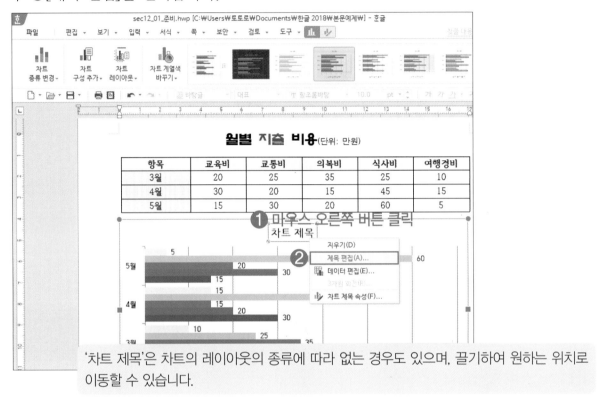

02 [차트 글자 모양] 대화상자에서 ❶'글자 내용'을 입력하고 ❷'한글 글꼴'을 선택합니다. 속성에서는 ❸글자 '크기'와 ❹글자색을 선택한 후 ❺[설정]을 클릭합니다.

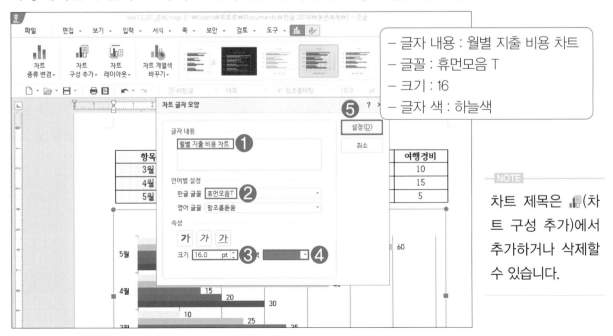

– 글자 내용 : 월별 지출 비용 차트
– 글꼴 : 휴먼모음 T
– 크기 : 16
– 글자 색 : 하늘색

NOTE

차트 제목은 (차트 구성 추가)에서 추가하거나 삭제할 수 있습니다.

• 차트 데이터 변경하기 •

01 이번에는 데이터를 변경하기 위해 ❶차트 안에서 마우스 오른쪽 버튼을 클릭한 후 ❷ [데이터 편집]을 선택합니다.

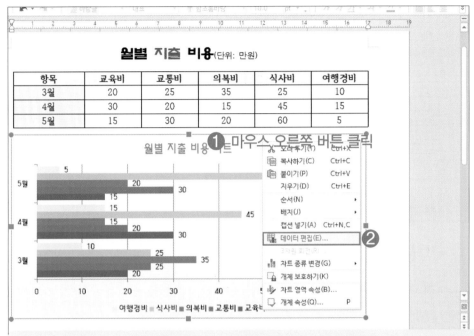

'데이터 편집'은 표에 포함된 데이터가 변경된 경우에 사용합니다. 표의 데이터를 변경하여 도 차트 데이터는 변경되지 않음으로 차트에서 데이터 편집을 해야 합니다.

02 [차트 데이터 편집] 대화상자에서 ❶3월의 교육비 '20' 만원을 클릭합니다.

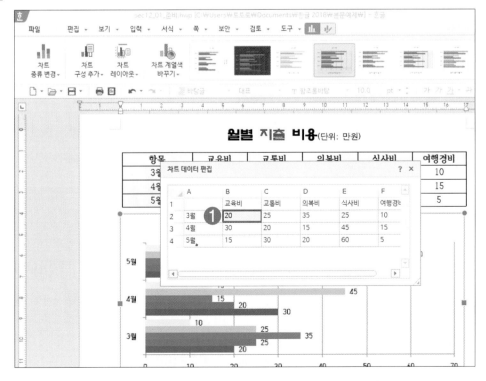

03 ❶3월의 교육비를 '60'으로 수정하고 편집창을 닫기합니다.

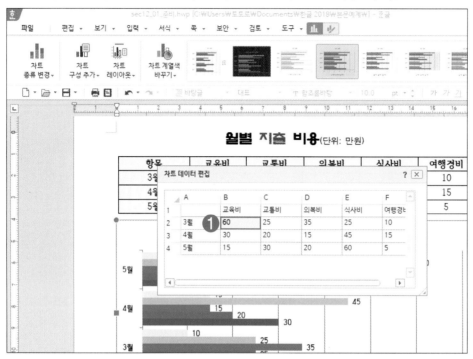

NOTE
차트에서 데이터 변경은 기존의 표 내용은 변경되지 않습니다.

[차트 데이터 편집] 대화상자에서 데이터를 변경하면 차트도 변경됩니다.

💡알아두기 차트 종류 보기

차트는 표의 내용을 잘 표현할 수 있는 차트 종류를 선택하여야 합니다. 차트의 종류는 차트 디자인 탭의 📊(차트 종류 변경)에서 변경이 가능합니다.

▶ 가로 막대형

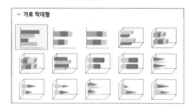

▶ 세로 막대형

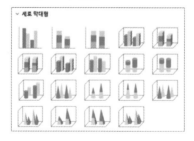

▶ 꺾은 선/영역형

▶ 원형

▶ 분산형

▶ 기타

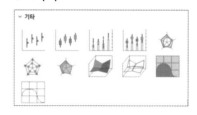

01 준비파일에서 주어진 표 데이터를 차트로 만들어 완성해 보세요.

분기별/지역별 실적 비교 현황

	1분기	2분기	3분기	4분기
A 지역	120,000	132,000	105,000	128,000
B 지역	138,000	125,000	128,000	109,000

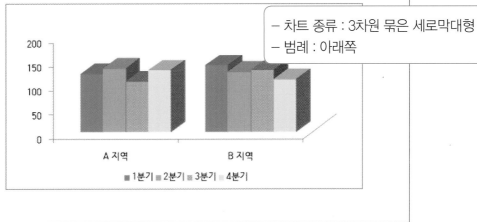

- 차트 종류 : 3차원 묶은 세로막대형
- 범례 : 아래쪽

▲ 준비파일 : check_12_01_준비.hwp / 완성파일 : check_12_01_완성.hwp

02 준비파일에서 주어진 표 데이터를 차트로 만들어 완성해 보세요.

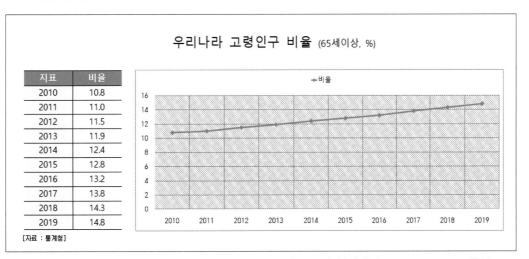

우리나라 고령인구 비율 (65세이상, %)

지표	비율
2010	10.8
2011	11.0
2012	11.5
2013	11.9
2014	12.4
2015	12.8
2016	13.2
2017	13.8
2018	14.3
2019	14.8

[자료 : 통계청]

▲ 준비파일 : check_12_02_준비.hwp / 완성파일 : check_12_02_완성.hwp

- 차트 종류 : 표식이 있는 꺾은선형
- 범례 : 위쪽
- 차트 계열색 바꾸기 : 색상조합 / 색4
- 차트 스타일 : 스타일 5
- 축 제목 : 삭제

13
SECTION

차트로 현황 비교하기

차트는 복잡한 자료들을 다양한 그래프로 단순하게 표현하여 기능입니다. 오랜 기간동안 조사된 자료들을 비교하여 과거의 데이터를 통해 다가오는 미래에 대한 변화를 예측하여 대비할 수 있게 합니다. 계절별 산불발생 데이터를 활용하여 차트로 비교하는 방법을 알아봅니다.

PREVIEW

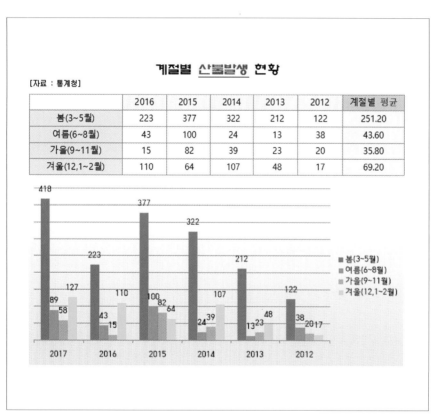

▲ 완성파일 : sec13_01_완성.hwp

학습내용

실습 01 차트 줄/칸 전환하기

실습 02 차트 데이터 편집하기

실습 03 차트 영역 속성 지정하기

체크포인트

● 차트의 줄과 칸을 서로 바꿀 수 있습니다.

● 차트의 데이터를 삭제하거나 추가할 수 있습니다.

● 차트의 배경이나 테두리를 변경할 수 있습니다.

차트 줄/칸 전환하기

▼ 준비파일 : sec13_01_준비.hwp

01 준비파일을 불러오기 합니다. ❶표에서 계절별 평균을 계산할 영역을 블록지정한 후 ❷마우스 오른쪽 버튼을 클릭합니다.

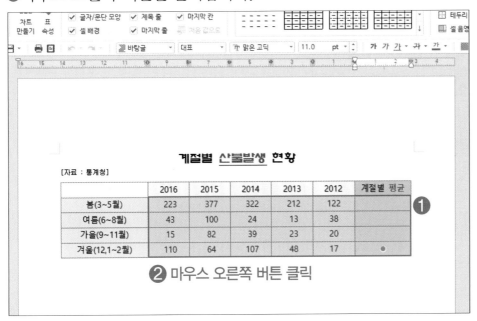

블록 계산은 블록이 지정된 영역 안에서 마우스 오른쪽 버튼을 클릭합니다.

02 바로가기 메뉴에서 ❶[블록 계산식]을 선택한 후 ❷[블록 평균]을 클릭합니다.

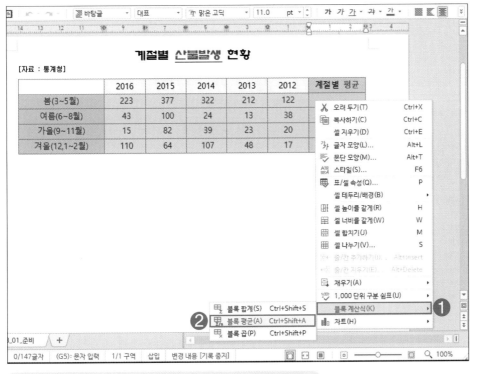

NOTE

블록 계산식은 표의 데이터를 수정하면 자동으로 계산이 수정되지 않습니다.

블록 계산식은 합계와 평균, 곱을 계산할 수 있습니다.

• 차트 만들기 •

01 차트 만들기 위해 ❶표 전체를 블록 지정한 후 ❷ ▮▮(차트 만들기)를 클릭합니다.

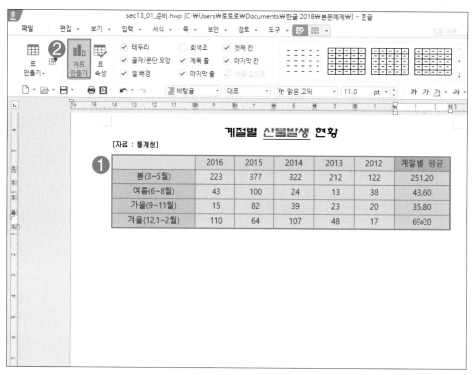

02 다음과 같이 차트의 크기를 조절합니다.

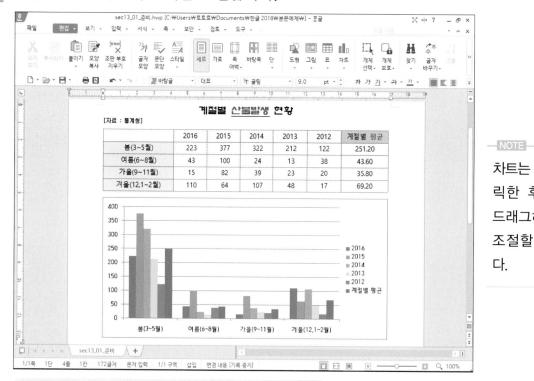

NOTE

차트는 마우스로 클릭한 후 조절점을 드래그하여 크기를 조절할 수 있습니다.

차트 만들기에서 '차트 데이터 편집' 창은 닫기 합니다.

• 차트 줄/칸 전환하기 •

01 차트에서 줄과 칸의 위치를 바꾸기 위해 ❶차트를 클릭한 후 ❷ ▦(줄/칸 전환)을 선택합니다.

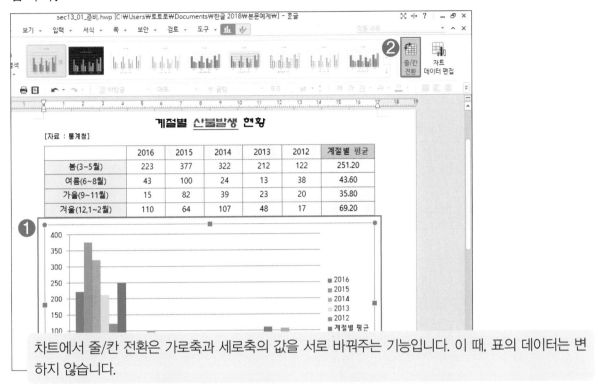

차트에서 줄/칸 전환은 가로축과 세로축의 값을 서로 바꿔주는 기능입니다. 이 때, 표의 데이터는 변하지 않습니다.

02 다음과 같이 가로축은 '계절'에서 '연도'로, 세로축은 '연도'에서 '계절'로 전환됩니다.

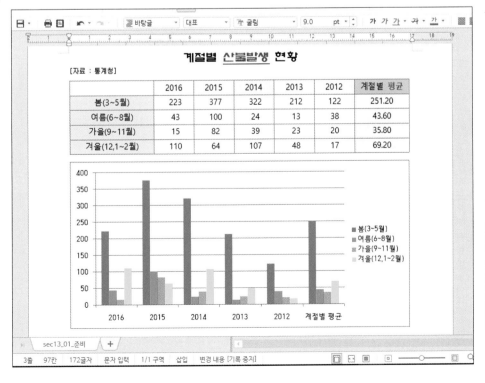

NOTE

차트에서 줄/칸 전환은 표의 데이터를 직접 수정하지 않고, 줄/칸의 값을 서로 바꾸어 차트에 적용할 수 있습니다.

줄/칸 전환을 한번 더 선택하면 원래의 가로축과 세로축 값으로 돌아갑니다.

차트 데이터 편집하기

• 데이터 삭제하기 •

01 차트의 데이터를 수정하기 위해 차트를 클릭한 후 ❶ ▥(차트 데이터 편집)을 선택합니다.

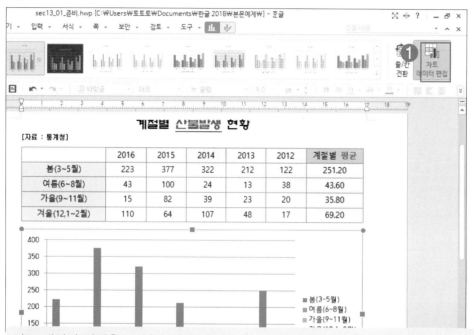

차트 데이터 편집은 표 안의 데이터를 직접 수정하지 않고 차트의 데이터를 수정하는 기능입니다.

02 차트 데이터 편집 창에서 '계절별 평균' 전체 데이터를 삭제하기 위해 ❶숫자 '7'에서 마우스 오른쪽 버튼을 클릭한 후 ❷[지우기]를 선택합니다.

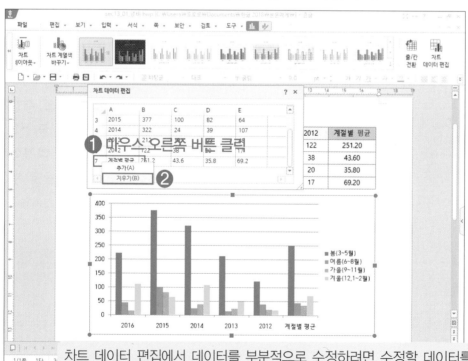

차트 데이터 편집에서 데이터를 부분적으로 수정하려면 수정할 데이터를 선택한 후, 새로운 데이터를 입력합니다.

• 데이터 추가하기 •

01 차트 데이터 편집에서 데이터를 추가하기 위해 ❶2번 줄에서 마우스 오른쪽 버튼을 클릭한 후, ❷[추가]를 선택합니다.

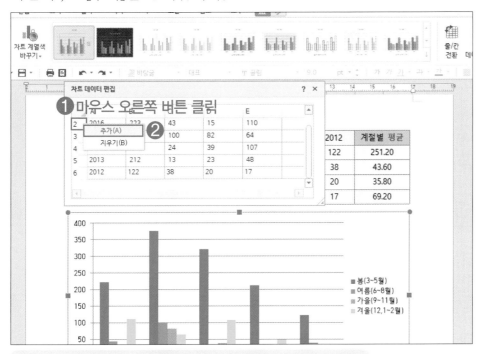

데이터 추가는 선택된 줄의 앞에 새로운 데이터가 추가됩니다.

02 새로 추가된 줄에 ❶다음과 같이 데이터 값을 입력한 후 ❷[닫기]를 선택합니다.

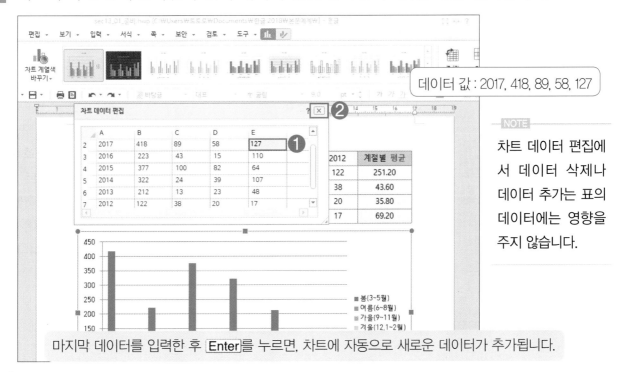

데이터 값 : 2017, 418, 89, 58, 127

NOTE

차트 데이터 편집에서 데이터 삭제나 데이터 추가는 표의 데이터에는 영향을 주지 않습니다.

마지막 데이터를 입력한 후 Enter 를 누르면, 차트에 자동으로 새로운 데이터가 추가됩니다.

• 차트 레이아웃 변경하기 •

01 이번에는 차트 레이아웃을 변경하기 위해 ❶차트를 선택하고 ❷ (차트 레이아웃)을 클릭한 후 ❸'레이아웃 11'을 선택합니다.

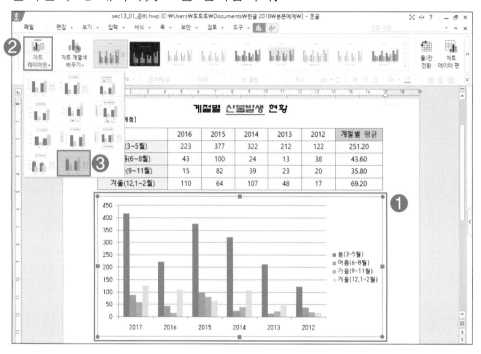

02 '레이아웃 11'에서 세로축을 삭제하기 위해 ❶세로축에서 마우스 오른쪽 버튼을 클릭한 후 ❷[삭제]를 선택합니다.

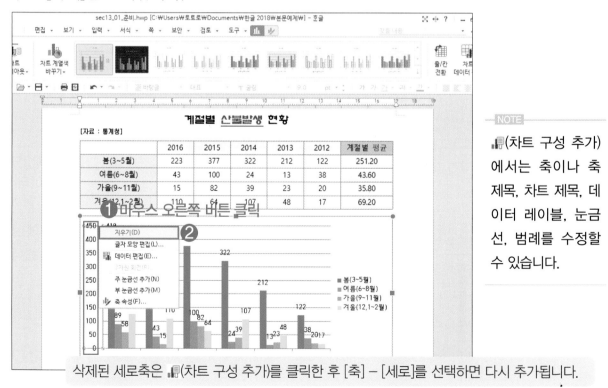

삭제된 세로축은 (차트 구성 추가)를 클릭한 후 [축] – [세로]를 선택하면 다시 추가됩니다.

NOTE

(차트 구성 추가)에서는 축이나 축 제목, 차트 제목, 데이터 레이블, 눈금선, 범례를 수정할 수 있습니다.

• 차트 영역 속성 변경하기 •

01 차트 영역의 속성을 변경하기 위해 ❶차트 안에서 마우스 오른쪽 버튼을 클릭한 후 ❷ [차트 영역 속성]을 선택합니다.

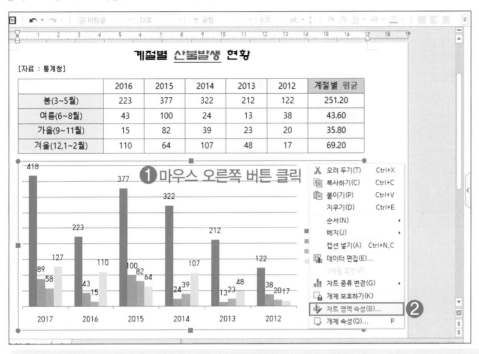

'차트 영역 속성'은 차트 전체의 바탕색을 채우거나, 차트 테두리 선 색이나 두께를 수정할 수 있습니다.

02 [개체 속성] 창의 채우기에서 ❶'그러데이션'을 선택하고 ❷종류는 '선형' ❸방향은 '선형 – 아래쪽에서'을 클릭한 후 ❹색은 '연노랑 10% 어둡게'를 선택합니다.

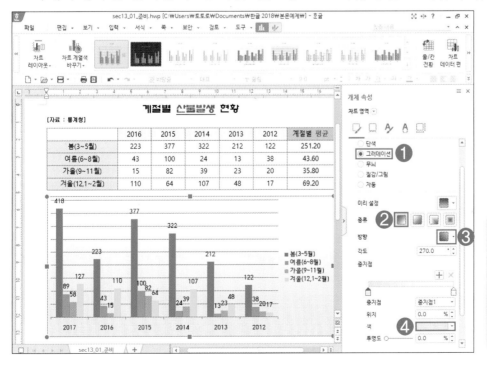

'차트 영역 속성'은 차트 전체의 바탕 색을 채우거나, 차 트 테두리 선 색이 나 두께를 수정할 수 있습니다.

139

03 이번에는 차트의 테두리 선을 없애기 위해 ❶개체 속성에서 '선'을 클릭한 후 ❷'없음'을
선택합니다.

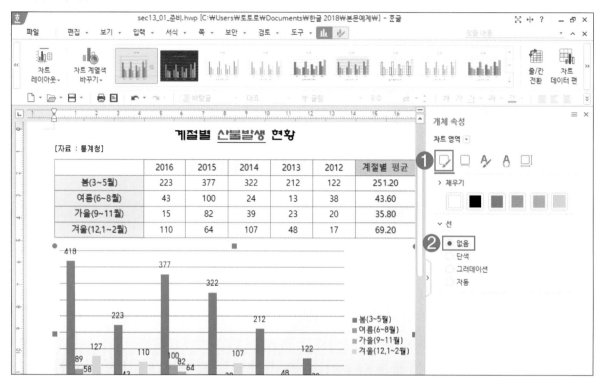

04 다음과 같이 차트의 바탕색과 테두리 선이 변경되었습니다.

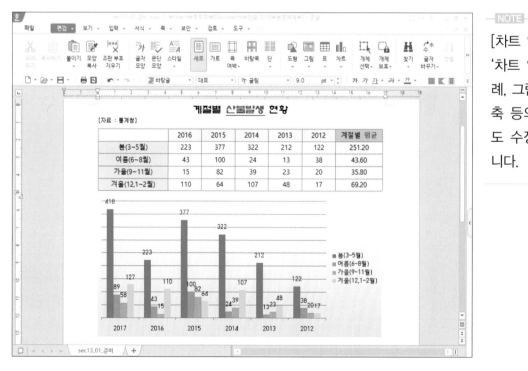

NOTE

[차트 영역 속성]의
'차트 영역'에서 범
례, 그림 영역, 항목
축 등의 다른 영역
도 수정할 수 있습
니다.

01 준비파일에서 주어진 표 데이터를 차트로 만들어 완성해 보세요.

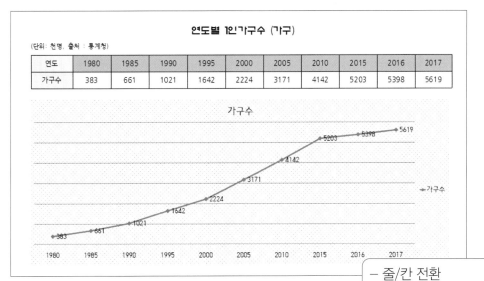

연도별 1인가구수 (가구)

(단위: 천명, 출처 : 통계청)

연도	1980	1985	1990	1995	2000	2005	2010	2015	2016	2017
가구수	383	661	1021	1642	2224	3171	4142	5203	5398	5619

▲ 준비파일 : check_13_01_준비.hwp

  완성파일 : check_13_01_완성.hwp

- 줄/칸 전환
- 차트 종류 : 표식이 있는 꺾은 선형
- 차트 영역 속성 : 채우기, 무늬1
- 차트 영역 속성 : 선, 없음

02 준비파일에서 주어진 표 데이터를 차트로 만들어 완성해 보세요.

우리 몸을 구성하는 성분

우리의 몸은 67% 이상이 물로 이루어져 있다. 우리의 몸을 구성하는 성분을 무게에 따라 나누어 보면 물·단백질·지방·탄수화물 순으로 나타난다(출처 : 네이버).

성분	물	단백질	지방	비타민,무기질류	탄수화물
비율(%)	67	15	13	4	1

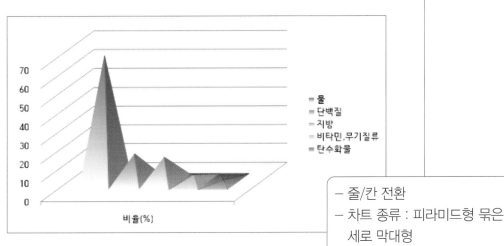

▲ 준비파일 : check_13_02_준비.hwp

  완성파일 : check_13_02_완성.hwp

- 줄/칸 전환
- 차트 종류 : 피라미드형 묶은 세로 막대형
- 차트 레이아웃 : 레이아웃 1
- 차트 스타일 : 스타일 7

14 SECTION
다단으로 리플렛 만들기

다단은 신문이나 회보, 찾아보기 등을 만들 때 읽기 쉽도록 화면을 여러 개의 단으로 나누는 기능입니다. 다단을 사용하면 문서가 정리되는 효과가 있고, 보다 많은 내용을 한눈에 볼 수 있습니다. 다단은 편집 용지의 여백을 설정한 후, 주어진 본문을 다단으로 구성하거나, 다단을 구성한 후 본문을 추가할 수도 있습니다.

PREVIEW

STORY 1. 재미있고 신비로운 제주탄생의 설화

■ 태초의 세상이 열린 이야기, 개벽신화

오랫동안 세상은 그저 암흑이었습니다. 갑자년 갑자월 갑자일 갑자시에 하늘 머리가 열리고, 을축년 을축월 을축일 을축시에 땅의 머리가 열리며 미세한 금이 생겨납니다. <중략>

동쪽에 견우성, 서쪽에 직녀성, 남쪽에 노인성, 북쪽에 북두칠성, 중앙에 삼태성이 돋아나자 많은 별들이 속속 돋아 펼쳐지며 하늘 가득 자리를 잡았습니다. 동쪽에선 푸른 구름이, 서쪽에선 하얀 구름이, 남쪽에선 붉은 구름이, 북쪽에선 검은 구름이, 중앙에선 누런 구름이 오락가락합니다. 어느 순간, 천황닭이 목을 들고, 지황닭이 날개를 치고, 인황닭이 꼬리를 쳐 크게 우니, 동방에서 먼동이 트기 시작했어요. 이때 하늘에서 천지왕이 두 개의 해와 두 개의 달을 내보내자, 세상이 밝아지며 천지가 활짝 열렸다는군요.

■ 제주섬이 빚어진 이야기, 설문대 전설

옛날 옛적에 몸집이 아주 큰 설문대 할망이 있었습니다. 설문대 할망은 힘 또한 장사였는데, 어느 날 치마폭에 흙을 가득 퍼 날라다 넓디넓은 푸른 바다 한가운데 붓기 시작했습니다.

얼마나 부지런히 날라다 부었는지 바다 위로 섬의 형체가 만들어졌지요. 저절로 만들어진 오름들이 보기 좋았는지, 설문대는 흙을 집어 섬 여기저기에 오름을 만들기 시작해요. 봉우리가 움푹 파인 오름들은 그렇게 만들어진 것이라네요.

드디어 섬 한가운데에 은하수를 만질 수 있을 만큼 높은 산이 만들어졌습니다. 바로 한라산이랍니다. 그런데 산이 너무 높아 보였는지, 봉우리를 툭 꺾어 바닷가로 던져버렸습니다. 남서쪽 바닷가로 날아간 그 봉우리는 산방산이 되었답니다.
– 제주신화에서의 '할망'은 '여신'을 일컬음 –

■ 탐라국이 생겨난 이야기, 탐라개국신화

한라산 북녘 기슭 땅에 심상치 않은 기운이 돋더니 땅 속에서 세 선인이 차례로 솟아났습니다. 어느 날 동쪽 바닷가에 커다란 상자 하나가 떠 내려와 머무는 걸 발견하고 달려갔어요.<중략>

육함을 여니 푸른 옷을 입은 아리따운 처녀 셋과 망아지와 송아지, 그리고 오곡의 씨앗이 있었답니다. 상자에서 나온 남자는 "나는 동해 벽랑국 사자입니다. 우리 임금님께서 세 따님을 두셨는데, 삼성인이 솟아 장차 나라를 열고자 하나 배필이 없으니, 모시고 가라해서 왔습니다. 마땅히 배필을 삼으셔서 대업을 이루소서." 말하고는 홀연히 구름을 타고 날아가 버렸습니다. 이때부터 오곡의 씨앗을 뿌리고 소와 말을 기르니 날로 백성이 많아지고 풍요로워져 '탐라국'을 이루게 되었답니다.<출처 : 제주관광공사>

▲ 완성파일 : sec14_01_완성.hwp

학습내용

실습 01 편집 용지 설정하기

실습 02 다단 만들고 구분하기

실습 03 개체 삽입하고 편집하기

체크포인트

● 용지 편집의 여백을 변경할 수 있습니다.

● 다단의 종류를 변경할 수 있습니다.

● 여러 개의 그림을 선택하여 스타일을 지정할 수 있습니다.

실습 01 편집 용지 설정하기

▼ 준비파일 : sec14_01_준비.hwp

01 준비파일에서 편집 용지의 여백을 지정하기 위해 ❶[파일]을 클릭한 후 ❷[편집 용지]를 선택합니다.

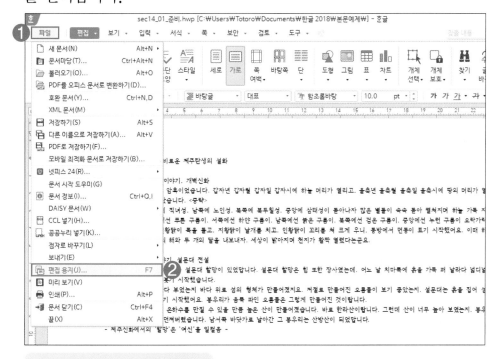

> 편집 용지 단축 키는 **F7**입니다.

02 [편집 용지] 대화상자의 용지 여백에서 ❶왼쪽과 오른쪽 '10', ❷위쪽과 아래쪽 '10', ❸ 머리말과 꼬리말은 '0'을 입력한 후 ❹[설정]을 클릭합니다.

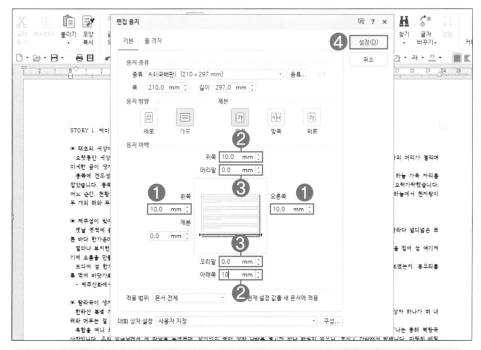

> —NOTE—
> 편집 용지에서 기본 용지 종류는 'A4' 입니다.

> 용지여백은 문서 편집과정이나 완료 상태에서 필요에 따라 수정할 수 있습니다.

01 주어진 문장을 단으로 나누기 위해 ❶제목을 제외한 모든 본문을 블록 지정합니다. ❷메뉴에서 [쪽] 탭의 ▼를 클릭하고 ❸[단]을 선택한 후 ❹[다단 설정]을 클릭합니다.

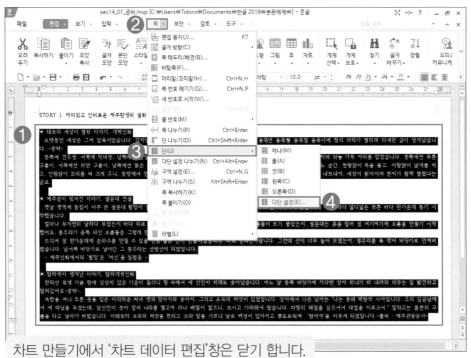

차트 만들기에서 '차트 데이터 편집'창은 닫기 합니다.

02 [단 설정] 대화창에서 ❶단 종류에서 '자주 쓰이는 모양'의 '셋'을 선택한 후 ❷구분선에서 '구분선 넣기'를 클릭하여 ❸종류는 '점선'을 선택하고 ❹[설정]을 클릭합니다.

삽입된 구분선을 없애려면 '구분선 넣기'를 선택하여 체크를 삭제하여 비활성화합니다.

03 다음과 같이 제목을 제외한 본문이 3개로 구분되는 단이 완성됩니다.

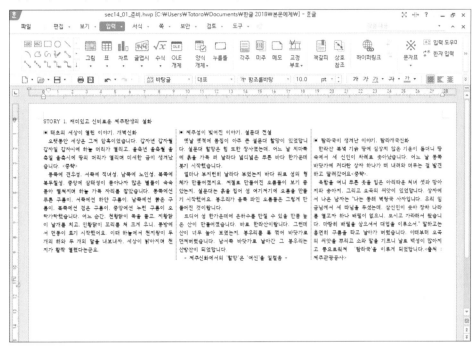

NOTE

한글에서 단 개수는 22개 까지 가능하며, 문서 양이나 용지 크기에 따라 단 개수를 선택해야 합니다.

알아두기 단 설정하기

▶ 단 종류

[일반 다단] : 가장 기본으로 한 단이 가득 차면 다음 단으로 내용이 넘어갑니다.

[배분 다단] : 마지막 쪽에서 각 단의 높이가 같아지도록 들어가는 내용의 양을 자동으로 조절합니다.

[평행 다단] : 하나의 단에서 내용이 다 채워지지 않더라도 다음 단으로 이동하여 내용을 입력할 수 있습니다.

▶ 다단의 단으로 자주 사용되는 모양은 다음과 같다.

자주 쓰이는 모양

하나 　 둘 　 셋 　 왼쪽 　 오른쪽

둘 　　　　　　　　　 왼쪽 　　　　　　　　 오른쪽

· 글자 모양 지정하기 ·

01 본문의 제목 글자 모양을 조건에 맞게 설정하고 가운데 정렬합니다.

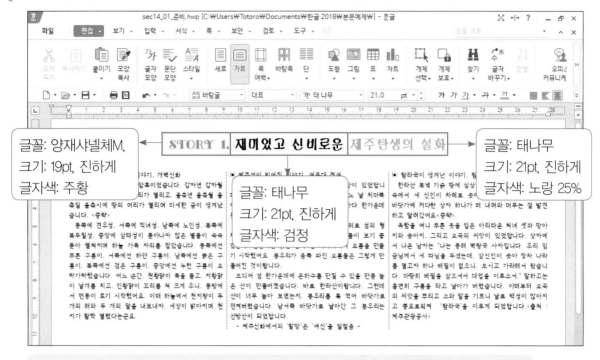

글꼴: 양재샤넬체M,
크기: 19pt, 진하게
글자색: 주황

글꼴: 태나무
크기: 21pt, 진하게
글자색: 검정

글꼴: 태나무
크기: 21pt, 진하게
글자색: 노랑 25%

4장 글자 서식 지정하기에서 학습한 내용을 활용하여 다양한 글자 모양을 만들어 봅니다.

02 본문에서 소제목을 각각 블록 시정한 후 조건에 맞게 설정합니다.

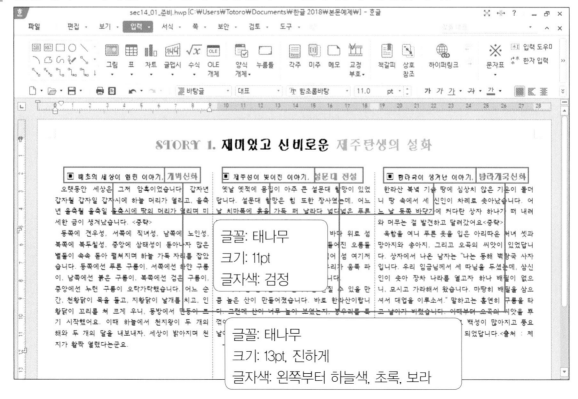

글꼴: 태나무
크기: 11pt
글자색: 검정

글꼴: 태나무
크기: 13pt, 진하게
글자색: 왼쪽부터 하늘색, 초록, 보라

03 본문의 글꼴은 'HY엽서L', 글자크기는 '11pt'입니다.

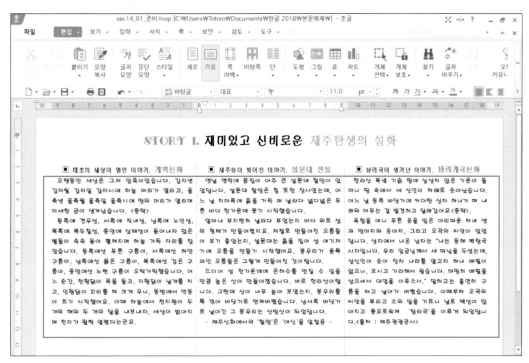

• 개체 편집하기 •

01 본문에 그림을 추가하기 위해 ❶첫 번째 단의 제목 끝에서 Enter 를 누른 후 줄을 추가
합니다. ❷[입력] 탭의 ▣(그림)의 ▼를 선택하여 ❸[그림]을 클릭합니다.

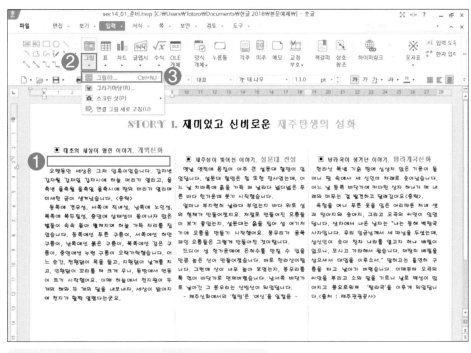

그림의 단축 키는 Ctrl + N , I 입니다.

02 [그림 넣기] 대화상자에서 ❶'제주탄생_01.jpg'를 선택한 후 ❷[열기]를 클릭합니다.

[그림 넣기] 대화상자 옵션에서 '문서에 포함', '글자처럼 취급', '마우스로 크기 지정'을 선택합니다.

03 개체의 크기를 조절하기 위해 ❶마우스로 삽입된 개체를 클릭한 후 ❷드래그하여 크기를 임의로 조절합니다.

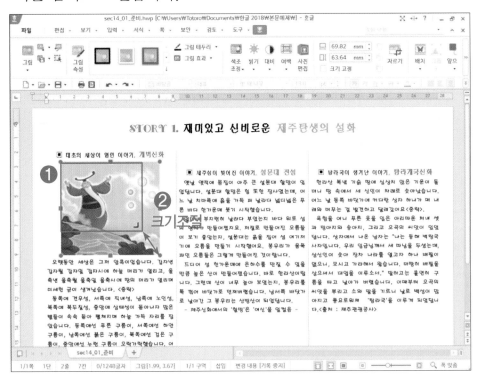

04 서식도구에서 ❶가운데 정렬을 클릭합니다. 이번에는 ❷두번째 단의 제목 끝에서 Enter를 누른 후 줄을 추가합니다.

05 ❶[입력] 탭의 ▨(그림)의 ▼를 선택하여 ❷[그림]을 클릭합니다. 02~04의 과정을 반복하여 이미지를 삽입합니다.

06 마지막으로 ❶세번째 단의 제목 아래에서 Enter 키를 누른 후 줄을 추가합니다. ❷[입력] 탭의 (그림)의 ▼를 선택하여 ❸[그림]을 클릭합니다. 02~04의 과정을 반복하여 이미지를 삽입합니다.

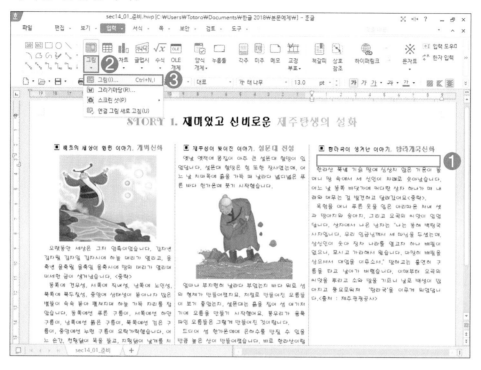

07 그림에 효과를 지정하기 위해 ❶삽입된 3개의 그림을 Ctrl 키를 눌러 선택한 후 ❷그림 스타일 목록에서 '회색 아래쪽 그림자'를 선택합니다.

NOTE

Shift 키를 사용하여 여러 개의 그림을 선택하면, 같은 비율로 그림의 크기를 조절하거나 같은 스타일을 선택할 수 있습니다.

여러 개의 그림을 선택은 첫 번째 그림을 선택한 후 Shift 키를 누른 상태에서 차례대로 선택합니다.

01 준비파일을 열고 다음과 같은 다단으로 구성하여 문서를 완성해 보세요.

- 단 모양 : 2단 오른쪽
- 그림 효과 : 반사 '1/3 근접', 그림자 '대각선 오른쪽 아래'
- 글자 모양 : HY 울릉도M, 26p, 15pt, 11pt, 주황

▲ 준비파일 : check_14_01_준비.hwp / 완성파일 : check_14_01_완성.hwp

02 준비파일을 열고 다음과 같은 다단으로 구성하여 문서를 완성해 보세요.

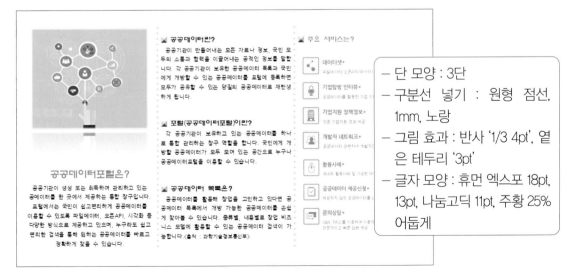

- 단 모양 : 3단
- 구분선 넣기 : 원형 점선, 1mm, 노랑
- 그림 효과 : 반사 '1/3 4pt', 옅은 테두리 '3pt'
- 글자 모양 : 휴먼 엑스포 18pt, 13pt, 나눔고딕 11pt, 주황 25% 어둡게

▲ 준비파일 : check_14_02_준비.hwp / 완성파일 : check_14_02_완성.hwp

15 바탕쪽으로 안내서 만들기

SECTION

바탕쪽은 문서 전체를 통일성 있게 꾸미는 기능으로 바탕을 홀수, 짝수로 나누어 선택할 수 있습니다. 맞쪽 문서를 작성할 때에는 펼쳐질 모양에 맞추어 원하는 모양으로 편집할 수 있습니다. 바탕쪽을 만들어 개체를 삽입하여 재미있는 여행 안내서를 만드는 방법을 알아봅니다.

PREVIEW

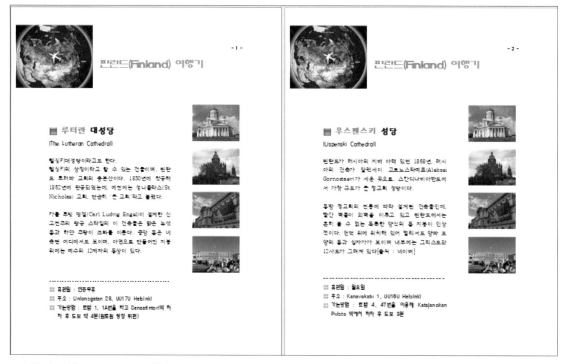

▲ 완성파일 : sec15_01_완성.hwp

학습내용

실습 01 바탕쪽 만들기

실습 02 바탕쪽에 개체 삽입하기

실습 03 바탕쪽 확인하기

체크포인트

● 바탕쪽을 설정할 수 있습니다.

● 바탕쪽에 개체를 삽입하고 편집할 수 있습니다.

● 쪽 맞춤으로 바탕쪽 전체를 확인할 수 있습니다.

▼ 준비파일 : sec15_01_준비.hwp

01 준비파일에서 다단을 지정하기 위해 ❶[편집] 탭에서 ❷ ▤▤(단)의 ▼를 클릭한 후 ❸[오른쪽]을 선택합니다.

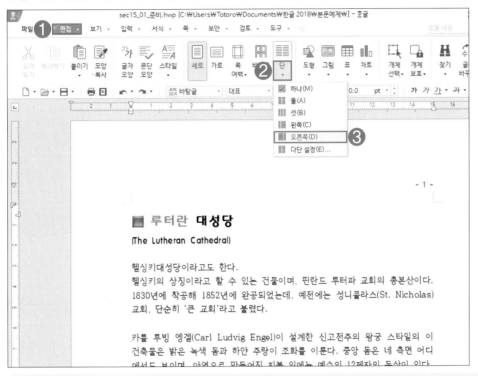

단 설정은 [쪽] – [단] – [다단 설정]에서 단 종류를 선택하거나 선을 지정할 수 있습니다.

02 다음과 같이 오른쪽 2단이 완성되었습니다.

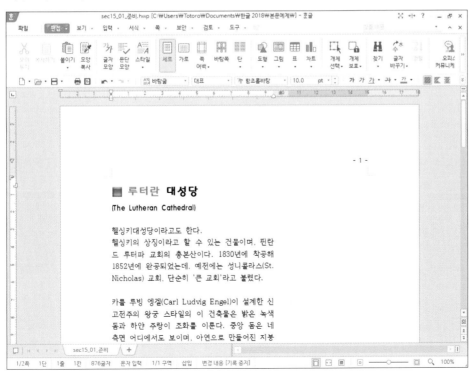

NOTE

오른쪽 2단은 왼쪽과 오른쪽으로 구분되며, 왼쪽이 넓고 오른쪽이 좁은 모양입니다.

03 바탕쪽을 만들기 위해 ❶[편집] 탭을 클릭한 후 ❷🏛️(바탕쪽)을 선택합니다.

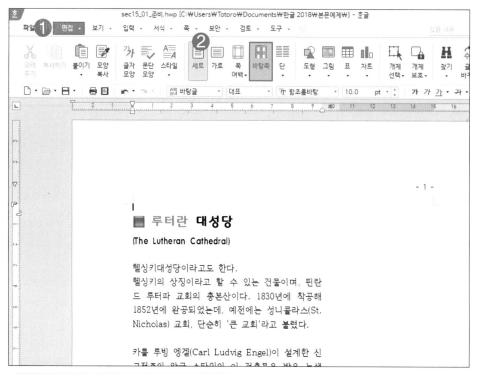

바탕쪽 설정은 [쪽] – [바탕쪽]에서 설정할 수도 있습니다.

04 [바탕쪽] 대화상자에서 ❶종류에서 '양쪽'을 클릭한 후 ❷[만들기]를 선택합니다.

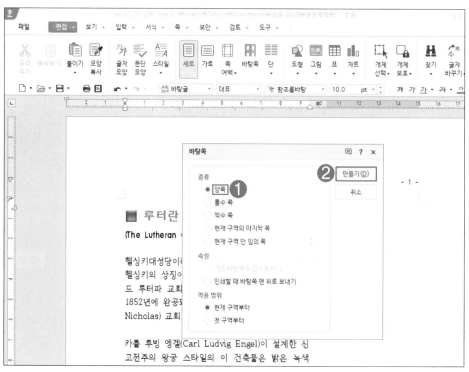

NOTE

바탕쪽의 종류는 '양쪽', '홀수 쪽', '짝수 쪽' 등이 있습니다.

01 바탕쪽에서 개체를 삽입하기 위해 ❶메뉴에서 🔲(그림)을 클릭합니다.

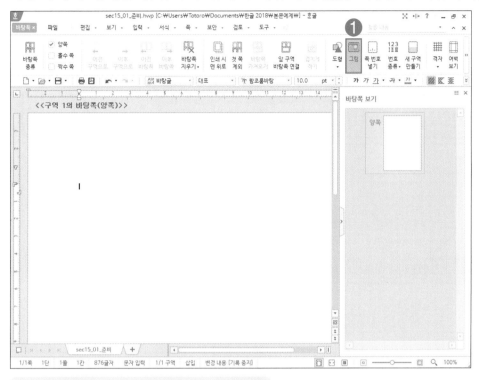

그림의 단축 키는 Ctrl + N , I 입니다.

02 [그림 넣기] 대화상자에서 ❶'핀란드_01.jpg'를 클릭한 후 ❷옵션에서 '문서에 포함', '마우스 크기 지정'을 선택하고 ❸[열기]를 클릭합니다.

03 개체를 삽입하기 위해 ❶마우스로 원하는 위치를 클릭한 후 ❷드래그하여 크기를 지정합니다.

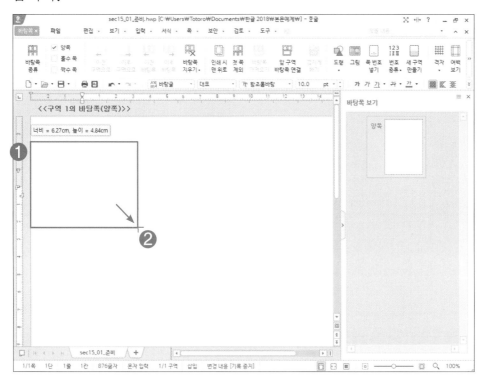

04 다음과 같이 개체가 삽입됩니다.

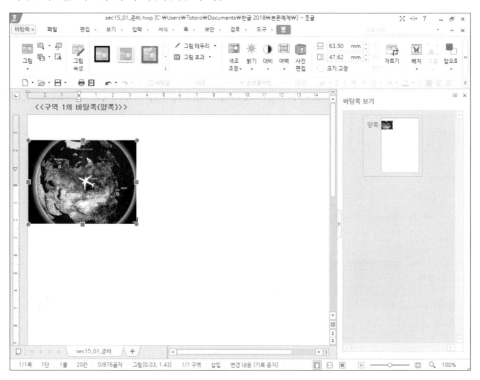

• 개체 편집하기 •

01 개체를 더 추가하기 위해 ❶메뉴에서 ▣(그림)을 선택합니다.

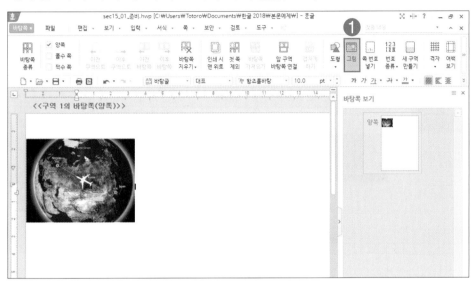

[그림 넣기] 창에서 '핀란드_02.jpg', '핀란드_03.jpg', '핀란드_04.jpg', '핀란드_05.jpg'를 **Shift**를 누른
상태로 모두 선택하여 [열기]합니다.

02 **Shift**를 누른 상태에서 ❶삽입된 개체를 모두 클릭한 후 ❷마우스로 크기 조절점을
드래그하여 원하는 크기로 조절하고 다음과 같이 배치합니다.

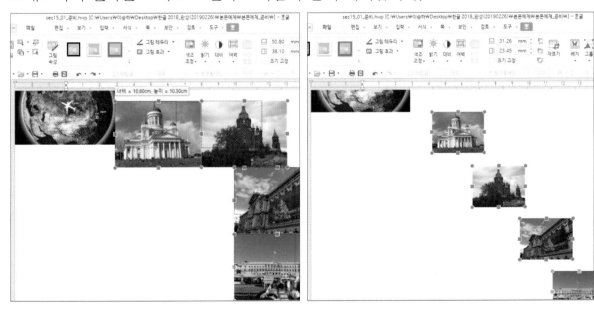

그림의 배치는 시스템상 임의로 배치될 수 있습니다. 배치할 경우 그림과 같이 그림의 간격을 많이 넓
혀 배치해야 합니다.

03 개체의 위치를 오른쪽으로 맞추기 위해 ❶개체를 모두 선택한 후 ❷ ▥(맞춤)을 클릭하고 ❸[오른쪽 맞춤]을 선택합니다.

'오른쪽 맞춤'은 선택한 개체의 세로 방향은 그대로 유지한 채 가로 방향으로만 이동하여 기준 개체에 나란히 맞춥니다. 이 때, 기준 개체는 마지막에 선택한 개체이며 조절점의 색이 초록색입니다.

04 세로 간격을 조절하기 위해 ❶개체를 모두 선택한 후 ❷ ▥(맞춤)을 클릭하고 ❸[세로 간격을 동일하게]를 선택합니다.

NOTE

여러 개체를 선택할 경우 마지막에 선택한 개체가 기준 개체입니다. 이 때, 선택한 개체의 조절점은 파란색이며 기준 개체의 조절점만 초록색입니다.

'세로 간격을 동일하게'는 3개 이상의 개체를 선택해 세로 방향으로 서로 같은 간격이 되도록 정렬합니다.

바탕쪽 확인하기

01 바탕쪽에서 ❶제목 텍스트를 '핀란드(Finland) 여행기'라고 입력한 후 ❷ →□(닫기)를 클릭합니다.

02 다음과 같이 첫 번째 바탕쪽 페이지가 완성되었습니다.

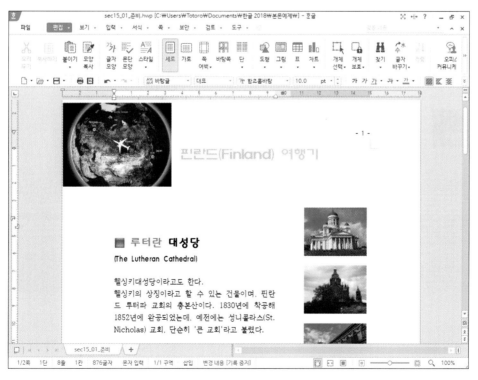

03 화면을 아래로 이동하여 두 번째 페이지 바탕쪽 화면을 확인합니다.

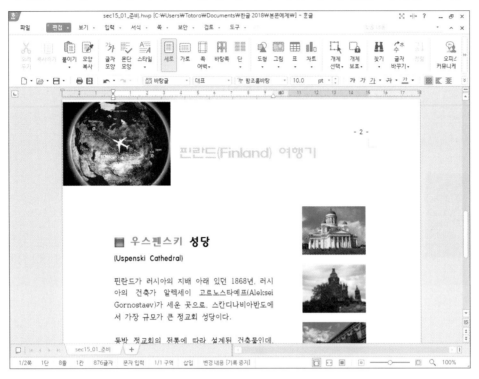

04 두 페이지를 동시에 보기 위해 ❶ ▣(쪽 맞춤)을 클릭합니다.

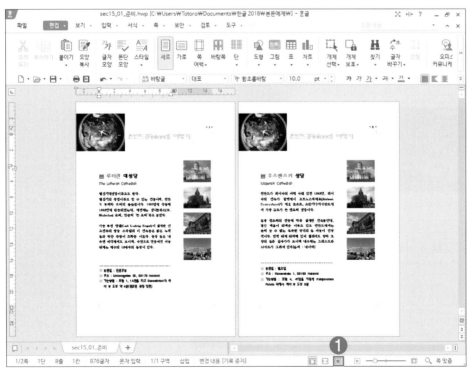

바탕쪽은 편집 화면에서는 수 정할 수 없으며 바탕쪽 화면에 서만 수정할 수 있습니다.

01 준비파일을 다음과 같이 바탕쪽으로 구성하여 문서를 완성해 보세요.

▲ 준비파일 : check_15_01_준비.hwp / 완성파일 : check_15_01_완성.hwp

- 단 모양 : 2단 왼쪽
- 그림 : 괌_01.jpg
- 글자 모양 : 한컴윤체L, 38p, 29pt, 20pt, 주황, 보라

- 그림 : 도깨비_01.jpg, 도깨비_02.jpg, 도깨비_03.jpg, 도깨비_04.jpg
- 글자 모양 : HY 울릉도B, 28pt, 35pt, 하늘색, 주황 50% 어둡게

02 준비파일을 열고 다음과 같이 바탕쪽으로 구성하여 문서를 완성해 보세요.

▲ 준비파일 : check_15_02_준비.hwp / 완성파일 : check_15_02_완성.hwp

16
SECTION

책갈피에
하이퍼링크 연결하기

책갈피는 문서를 편집하는 도중에 본문의 여러 곳에 표시를 해 두었다가 현재 커서의 위치에 상관없이 표시해 둔 곳으로 커서를 곧바로 이동시키는 기능입니다. 본문에 책갈피 기능을 표시하고 본문과 연결하는 텍스트에 하이퍼링크를 지정하는 방법을 알아봅니다.

PREVIEW

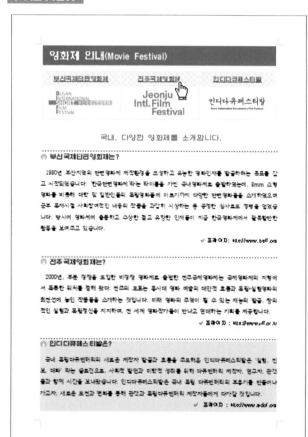

▲ 완성파일 : sec16_01_완성.hwp

학습내용

실습 01 책갈피 지정하기

실습 02 책갈피 연결 확인하기

실습 03 책갈피에 하이퍼링크 연결하기

체크포인트

● 본문에 책갈피를 지정할 수 있습니다.

● 지정한 책갈피를 확인할 수 있습니다.

● 하이퍼링크를 지정하여 책갈피를 연결할 수 있습니다.

책갈피 지정하기

▼ 준비파일 : sec16_01_준비.hwp

01 준비파일에서 책갈피를 지정하기 위해 ❶첫 번째 본문인 '부산국제단편영화제는?' 문단 앞에 커서를 클릭합니다.

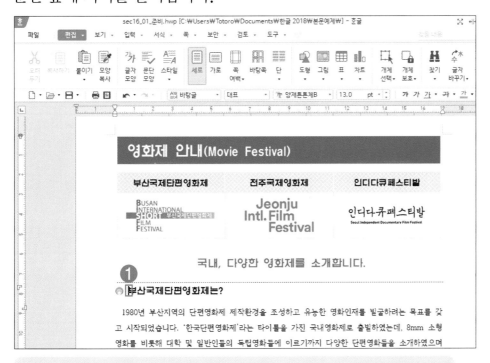

책갈피는 커서가 있는 위치에 지정됨으로, 반드시 커서의 위치를 확인합니다.

02 메뉴에서 ❶[입력] 탭의 ▼를 클릭한 후 ❷[책갈피]를 선택합니다.

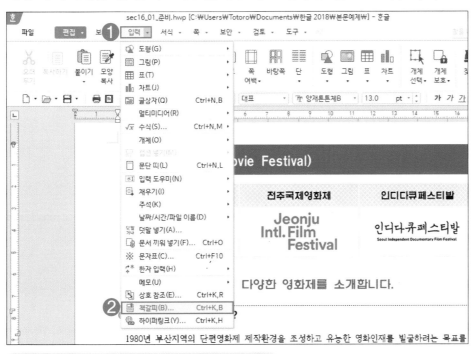

책갈피의 단축 키는 Ctrl + K , B 입니다.

03 [책갈피] 대화상자에서 ❶책갈피 이름으로 '부산국제단편영화제는?'를 확인한 후 ❷[넣기]를 선택합니다.

책갈피 이름은 커서가 있는 단어로 자동 등록되며, 필요에 따라 다른 이름으로 변경할 수 있습니다.

04 이번에는 두 번째 본문인 책갈피 단축 키를 사용하기 위해 ❶'전주국제영화제는?' 문단 앞에 커서를 클릭한 후 ❷ Ctrl 을 누른 후 K 와 B 를 순서대로 누릅니다.

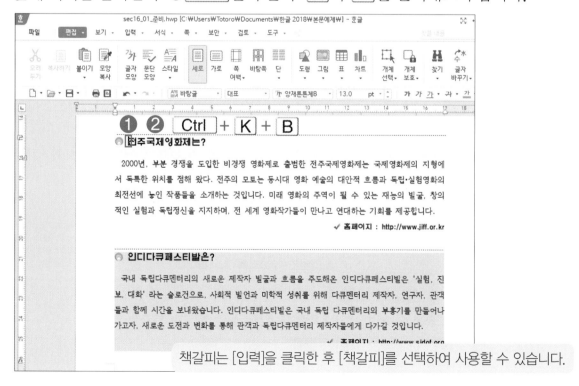

책갈피는 [입력]을 클릭한 후 [책갈피]를 선택하여 사용할 수 있습니다.

05 [책갈피] 대화상자에서 ❶책갈피 이름으로 '전주국제영화제는?'을 확인한 후 ❷[넣기]를 선택합니다.

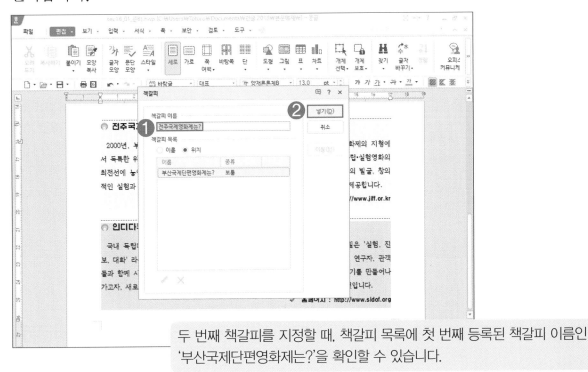

두 번째 책갈피를 지정할 때, 책갈피 목록에 첫 번째 등록된 책갈피 이름인 '부산국제단편영화제는?'을 확인할 수 있습니다.

06 이번에는 세 번째 본문인 책갈피 단축 키를 사용하기 위해 ❶'인디다큐페스티발은?' 문단 앞에 커서를 클릭한 후 ❷ Ctrl 을 누른 후 K 와 B 를 순서대로 누릅니다.

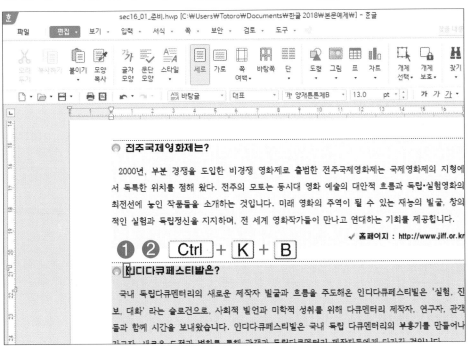

07 [책갈피] 대화상자에서 ❶책갈피 이름으로 '인디다큐페스티발은?'를 확인한 후 ❷[넣기]를 선택합니다.

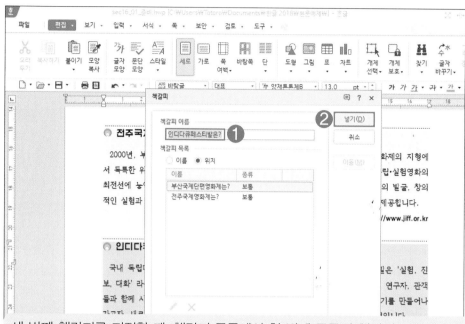

NOTE

책갈피 이름 등록은 책갈피의 위치를 등록하는 기능이며, 책갈피 이름은 커서가 위치한 곳의 텍스트가 이름으로 자동 등록되어 사용하거나 새로운 이름을 지정할 수 있습니다.

세 번째 책갈피를 지정할 때, 책갈피 목록에서 첫 번째 등록된 책갈피 이름인 '부산국제단편영화제는?'와 두 번째 등록된 책갈피 이름인 '진주국제영화제는?'을 확인 할 수 있습니다.

💡 알아두기 책갈피 편집하기

▶ 책갈피 이름 수정하기

• [책갈피] 대화상자의 책갈피 목록에서 수정할 책갈피 이름을 선택한 후 ✎(책갈피 이름 바꾸기)를 클릭합니다.

• [책갈피 이름 바꾸기] 대화상자에서 이름을 변경하고 [확인]을 선택한 후 [넣기]를 클릭합니다.

▶ 책갈피 삭제하기

• [책갈피] 대화상자의 책갈피 목록에서 수정할 책갈피 이름을 선택한 후 ⊠(삭제)를 클릭합니다.

• [책갈피] 대화상자에서 [지움]을 선택한 후 [넣기]를 클릭합니다.

01 등록한 책갈피의 연결을 확인하기 위해 ❶ Ctrl 을 누른 후 K 와 B 를 순서대로 누릅니다. ❷[책갈피] 대화상자에서 책갈피 목록에 등록된 '부산국제단편영화제는?'을 클릭한 후 ❸[넣기]를 선택합니다.

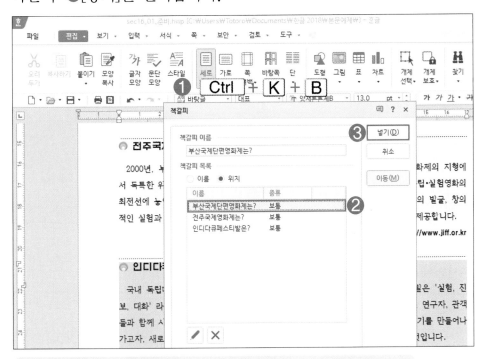

책갈피는 [입력]을 클릭한 후 [책갈피]를 클릭하여 사용할 수 있습니다.

02 다음과 같이 커서가 '부산단편국제영화제는?' 문단 앞으로 이동됩니다.

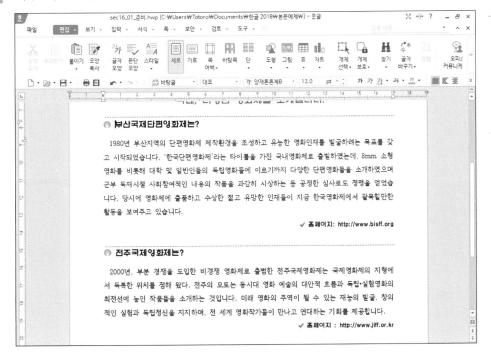

NOTE

책갈피를 등록한 후 책갈피 이동을 통해 지정한 책갈피를 확인합니다.

01 표 안의 영화제 이름 텍스트에 책갈피를 연결합니다. ❶'전주국제 영화제'를 드래그합니다.

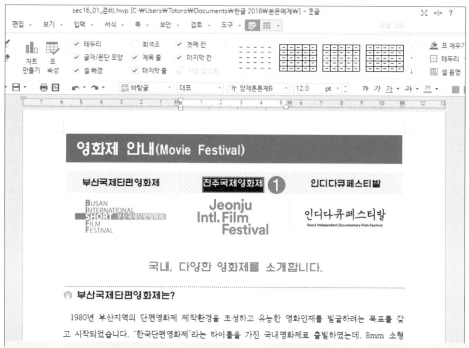

책갈피 기능은 현재 커서의 위치에 상관없이 표시해 둔 곳으로 커서를 곧바로 이동시키는 기능입니다.

02 하이퍼링크를 연결하기 위해 ❶[입력] 탭의 ▼를 선택한 후 ❷[하이퍼링크]를 클릭합니다.

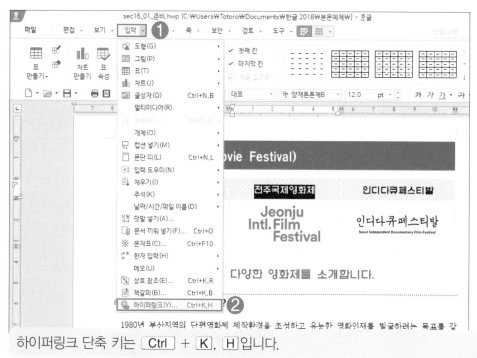

하이퍼링크 단축 키는 Ctrl + K , H 입니다.

NOTE

'하이퍼링크'는 문서의 특정한 위치에 현재 문서나 다른 문서, 웹 페이지, 전자 우편 주소 등을 연결하여 쉽게 참조하거나 이동하는 기능입니다.

03 [하이퍼링크] 대화상자의 ❶[연결 대상]에서 [한글 문서]를 선택고 ❷현재 문서의 책갈피에서 '전주국제영화제는?'을 클릭한 후 ❸[넣기]를 선택합니다.

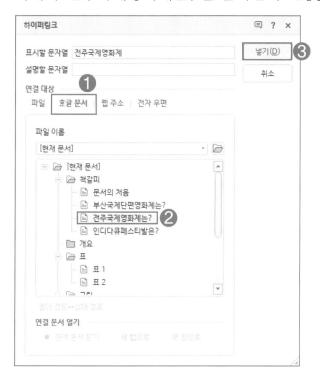

'표시할 문자열'은 문서에서 하이퍼링크를 연결할 문자열이며, 하이퍼링크가 연결되면 밑줄이 그어진 파란색 글자로 변경됩니다.
'설명할 문자열'은 하이퍼링크 위에 마우스 포인터를 올렸을 때 표시할 설명 내용입니다.

04 다음과 같이 하이퍼링크가 연결되어 '전주국제영화제' 텍스트가 파란색으로 표시됩니다. 텍스트로 마우스를 이동하면 커서는 손 모양이 바뀝니다. ❶마우스로 '전주국제영화제' 텍스트를 클릭합니다.

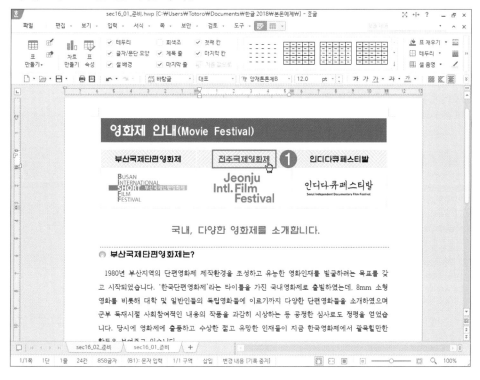

05 다음과 같이 본문의 '전주국제영화제' 책갈피 위치로 이동합니다.

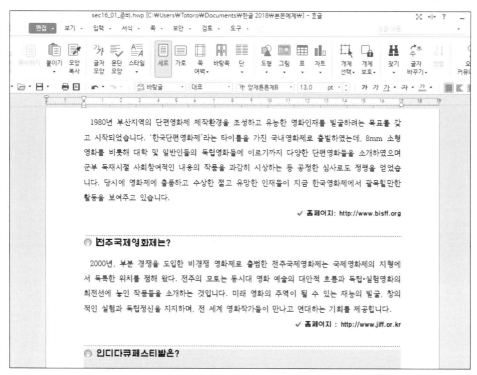

06 다음과 같이 표 안의 '부산국제영화제'와 '인디다큐페스티벌' 텍스트를 각각 드래그하여 하이퍼링크를 연결합니다.

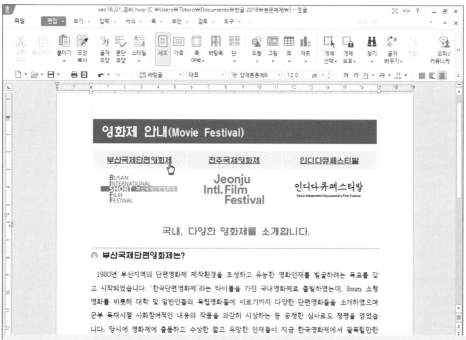

[하이퍼링크] 대화상자에서 '부산국제영화제'는 '부산국제영화제는?'을 선택하고 '인디다큐페스티벌'은 '인디다큐페스티벌은?'을 선택합니다.

문제 풀어보기

01 준비파일을 열고 표 목차에 책갈피를 지정해 보세요.

– 책갈피(본문) : 비타민 B1, 비타민 B2, 비타민 B6, 비타민 B12, 비타민 C, 비타민 H

▲ 준비파일 : check_16_01_준비.hwp / 완성파일 : check_16_01_완성.hwp

02 준비파일을 열고 다음과 같이 책갈피를 지정해 보세요.

– 단 모양 : 2단 왼쪽
– 책갈피(본문) : 스위스테마파크, 테마관, 테마 박물관, 여행정보
– 하이퍼링크 : 스위스테마파크, 테마관, 테마 박물관, 여행정보

▲ 준비파일 : check_16_02_준비.hwp / 완성파일 : check_16_02_완성.hwp

17
SECTION

문서 차례 만들기

차례는 본문의 제목, 표, 그림, 수식 등이 들어 있는 줄을 한 곳에 모아, 줄마다 본문 중에서 어느 쪽에 있는지 쪽 번호를 붙여 주는 기능입니다. [차례 만들기]는 단행본이나 논문 작성 등에 꼭 필요한 기능입니다. 본문에서 문단 번호를 지정하고 본문의 차례를 만드는 방법을 알아봅니다.

PREVIEW

▲ 완성파일 : sec17_01_완성.hwp

학습내용

실습 01 문단 번호 지정하기

실습 02 문단 번호 수준 정하기

실습 03 본문 차례 만들기

체크포인트

● 문단 번호를 지정할 수 있습니다.

● 문단 번호의 수준을 조절할 수 있습니다.

● 본문의 제목을 차례로 만들 수 있습니다.

▼ 준비파일 : sec17_01_준비.hwp

01 준비파일에서 각 제목에 문단 번호를 지정하기 위해 ❶첫 번째 문단 제목인 '국제 영화제는?' 앞에 커서를 클릭한 후 ❷[서식] 탭의 ▼를 선택하고 ❸[문단 번호 적용/해제]를 클릭합니다.

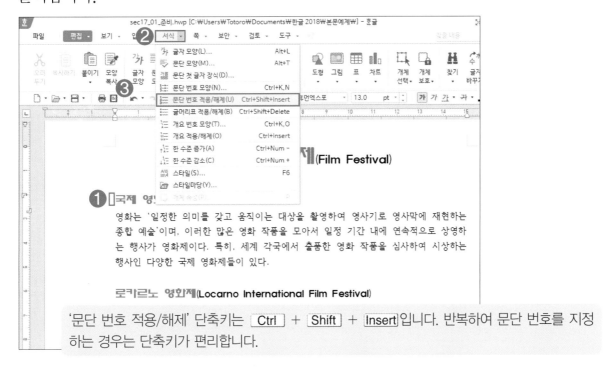

'문단 번호 적용/해제' 단축키는 Ctrl + Shift + Insert 입니다. 반복하여 문단 번호를 지정하는 경우는 단축키가 편리합니다.

02 지정된 문단 번호 모양을 변경하기 위해 ❶[서식] 탭의 ▼를 클릭한 후 ❷[문단 번호 모양]를 선택합니다.

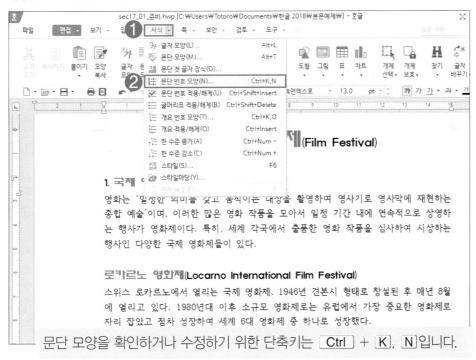

문단 모양을 확인하거나 수정하기 위한 단축키는 Ctrl + K, N 입니다.

03 [글머리표 및 문단 번호] 대화상자에서 ❶문단 번호에서 원하는 종류를 클릭한 후 ❷ [설정]을 선택합니다.

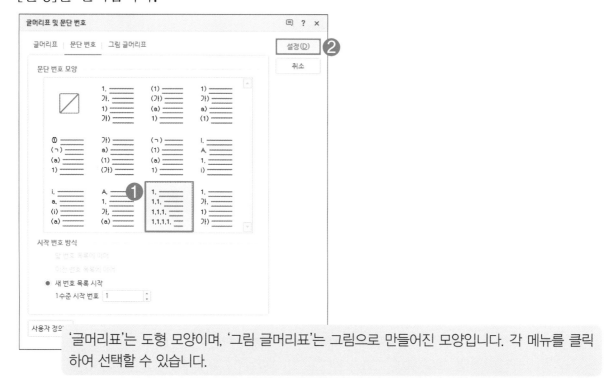

'글머리표'는 도형 모양이며, '그림 글머리표'는 그림으로 만들어진 모양입니다. 각 메뉴를 클릭하여 선택할 수 있습니다.

04 이번에는 두 번째 문단에 문단 번호를 지정하기 위해 ❶'로카르노 영화제' 앞에 커서를 클릭한 후 ❷ Ctrl 을 누른 상태에서 Shift 와 Insert 를 순서대로 누릅니다.

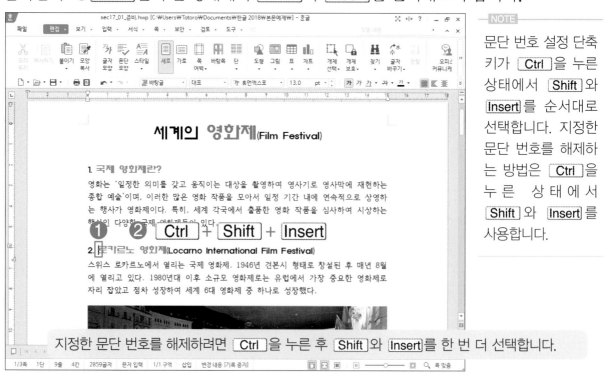

NOTE

문단 번호 설정 단축키가 Ctrl 을 누른 상태에서 Shift 와 Insert 를 순서대로 선택합니다. 지정한 문단 번호를 해제하는 방법은 Ctrl 을 누른 상태에서 Shift 와 Insert 를 사용합니다.

지정한 문단 번호를 해제하려면 Ctrl 을 누른 후 Shift 와 Insert 를 한 번 더 선택합니다.

05 이번에는 세 번째 문단에 문단 번호를 지정하기 위해 ❶'베니스 영화제' 앞에 커서를 클릭한 후 ❷ Ctrl 을 누른 후 Shift 와 Insert 를 순서대로 누릅니다.

06 이번에는 네 번째 문단에 문단 번호를 지정하기 위해 ❶'모스크바 영화제' 앞에 커서를 클릭한 후 ❷ Ctrl 을 누른 상태에서 Shift 와 Insert 를 순서대로 누릅니다.

NOTE

문단 번호 설정은 본문에서 문단 번호가 필요한 위치에 커서를 클릭한 후 Ctrl 을 누른 상태에서 Shift 와 Insert 를 선택합니다.

실습 02 문단 번호 수준 정하기

01 문단 번호를 지정하기 위해 ❶첫 번째 문단의 소제목인 '영화제 프로그램' 앞에 커서를 클릭한 후 ❷ Ctrl 을 누른 상태에서 Shift 와 Insert 를 순서대로 누릅니다.

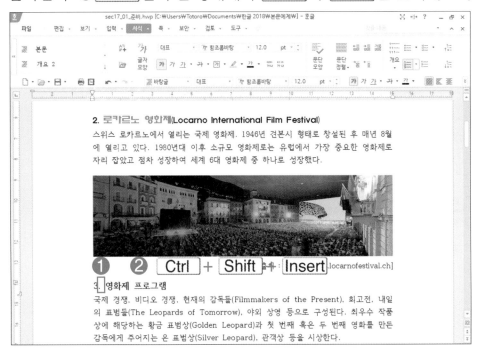

문단 번호가 자동으로 한단계 아래로 지정됩니다.

02 나머지 소제목인 '야외 상영장'과 '국내시상 작품'도 같은 방법으로 한 수준씩 감소하여 문단번호를 '2.2'와 '2.3'으로 지정합니다.

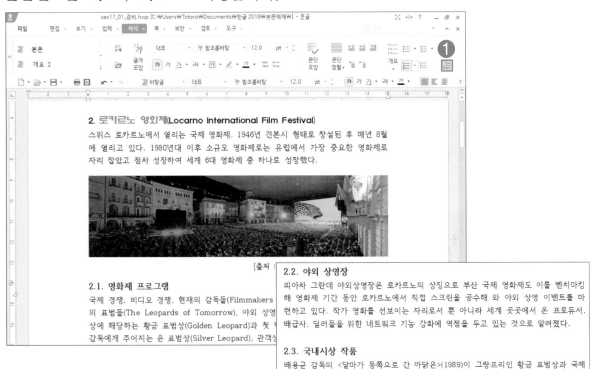

03 이번에는 '3. 베니스 영화제'의 소제목인 ❶'시상 분야' 앞에 커서를 클릭하고 ❷ [Ctrl]을 누른 상태에서 [Shift]와 [Insert]를 순서대로 누릅니다.

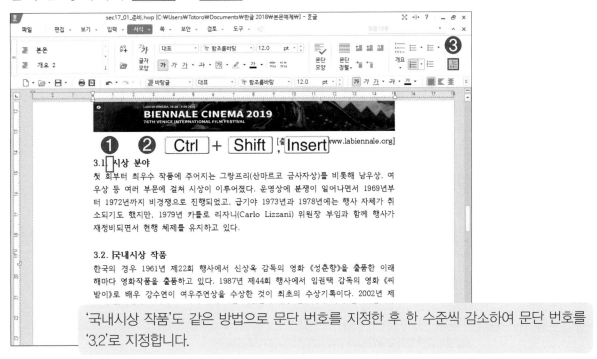

'국내시상 작품'도 같은 방법으로 문단 번호를 지정한 후 한 수준씩 감소하여 문단 번호를 '3.2'로 지정합니다.

04 이번에는 '4. 모스크바 영화제'의 소제목인 ❶'영화제 역사' 앞에 커서를 클릭하고 ❷ [Ctrl]을 누른 상태에서 [Shift]와 [Insert]를 누릅니다.

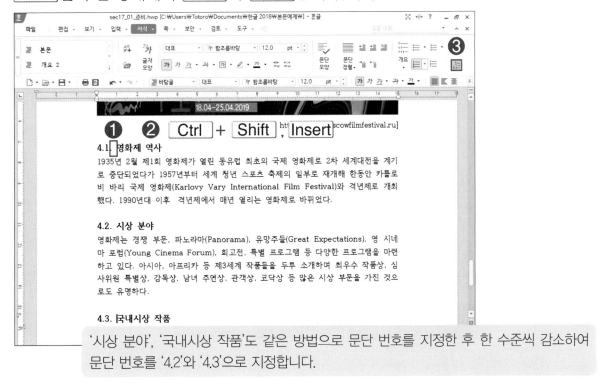

'시상 분야', '국내시상 작품'도 같은 방법으로 문단 번호를 지정한 후 한 수준씩 감소하여 문단 번호를 '4.2'와 '4.3'으로 지정합니다.

본문 차례 만들기

• 제목 차례 표시하기 •

01 차례를 만들기 위해 ❶'1.국제 영화제란?' 앞에 커서를 클릭합니다. ❷[도구] 탭의 ▼를 선택한 후 ❸[차례/색인]을 클릭하고 ❹[제목 차례 표시]를 선택합니다.

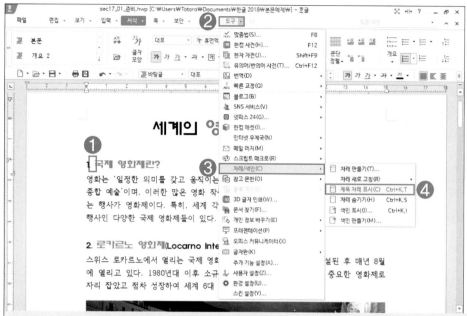

'제목 차례 표시'는 본문 속의 제목 차례를 만들 곳에 표시를 달아 나중에 일괄적으로 제목으로 만들어 주는 기능입니다. '제목 차례 표시' 단축키는 Ctrl + K, T입니다.

02 다음과 같이 '국제 영화제?' 앞에 '[제목 차례]'라는 텍스트가 표시됩니다.

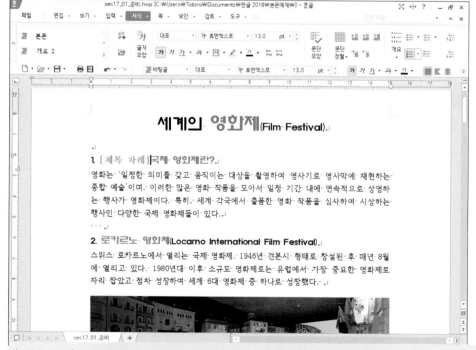

'제목 차례' 텍스트를 보이게 하려면 [보기] – [표시/숨기기] – [조판 부호]를 선택합니다.

03 이번에는 ❶'로카르노 영화제' 앞에 커서를 클릭한 후 ❷단축키인 ⌈ Ctrl ⌉를 누른 상태에서 ⌈K⌉, ⌈T⌉를 순서대로 누릅니다.

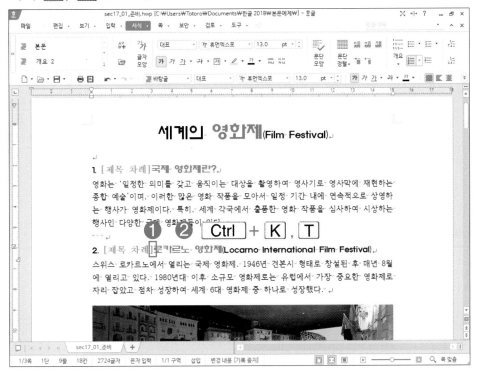

> 앞에서 지정한 모든 제목에 단축키는 ⌈ Ctrl ⌉ + ⌈K⌉, ⌈T⌉를 눌러 제목 차례를 표시합니다.

04 다음과 같이 '4. 모스크바 영화제'의 소제목에도 제목 차례를 표시합니다.

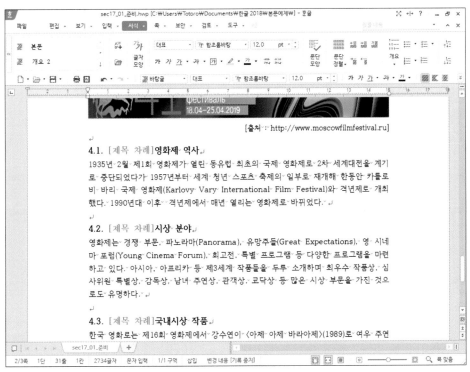

─NOTE─

'제목 차례 표시'는 본문 속의 제목 차례를 만들 곳에 표시하는 기능입니다. 단축키는 ⌈ Ctrl ⌉ + ⌈K⌉, ⌈T⌉ 입니다.

·본문 차례 만들기·

01 본문 차례를 맨 앞 페이지에 만들기 위해 ❶ Enter 를 눌러 제목을 아래로 이동합니다.

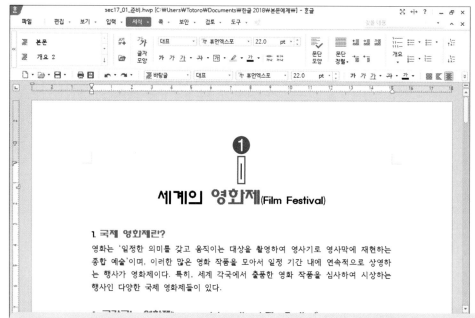

제목을 아래로 이동하지 않으면, 본문 제목인 '세계의 영화제(Film Festival)'의 글자 모양이 기본 모양으로 변경됩니다.

02 차례를 만들기 위해 ❶[도구] 탭의 ▼를 클릭한 후 ❷[차례/색인]을 선택하고 ❸[차례 만들기]를 클릭합니다.

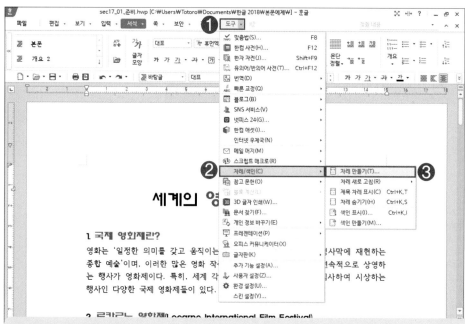

'차례'는 본문의 제목이나 표, 그림, 수식 등이 들어 있는 줄을 한 곳에 모아, 쪽 번호를 붙여서 보여주는 기능입니다.

03 [차례 만들기] 대화상자에서 ❶차례 형식은 '필드로 넣기' ❷만들 차례는 '제목 차례', ❸'차례 코드로 모으기' ❹기타의 만들 위치를 '현재 문서의 새 구역'으로 선택한 후 ❺[만들기]를 클릭합니다.

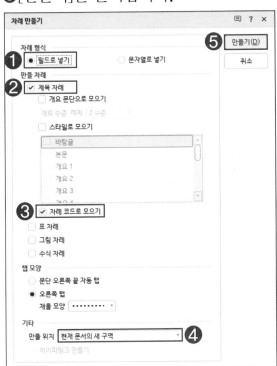

– 표 차례 : 현재 문서에 삽입된 모든 표에 대하여 표가 삽입된 순서대로 표의 캡션 내용을 모아, 해당 표가 본문 중에서 어느 쪽에 있는지 쪽 번호를 붙여 표 차례를 만듭니다.

– 그림 차례 : 현재 문서에 삽입된 모든 그림에 대하여 그림이 삽입된 순서대로 그림의 캡션 내용을 모아, 해당 그림이 본문 중에서 어느 쪽에 있는지 쪽 번호를 붙여 그림 차례를 만듭니다.

– 수식 차례 : 현재 문서에 삽입된 모든 수식에 대하여 수식이 삽입된 순서대로 수식의 캡션 내용을 모아, 해당 수식이 본문 중에서 어느 쪽에 있는지 쪽 번호를 붙여 수식 차례를 만듭니다.

04 다음과 같이 첫 페이지에 '⟨제목 차례⟩'가 삽입됩니다.

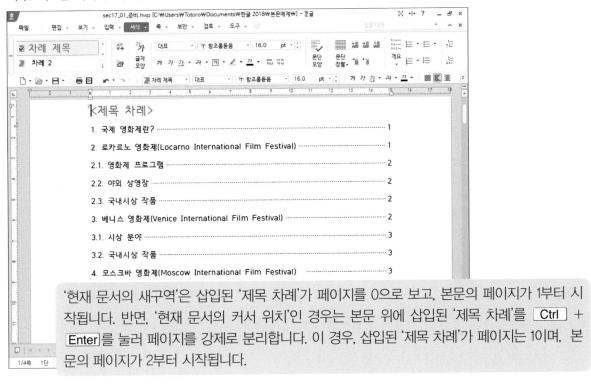

'현재 문서의 새구역'은 삽입된 '제목 차례'가 페이지를 0으로 보고, 본문의 페이지가 1부터 시작됩니다. 반면, '현재 문서의 커서 위치'인 경우는 본문 위에 삽입된 '제목 차례'를 Ctrl + Enter를 눌러 페이지를 강제로 분리합니다. 이 경우, 삽입된 '제목 차례'가 페이지는 1이며, 본문의 페이지가 2부터 시작됩니다.

05 소제목 차례의 위치를 오른쪽으로 이동하기 위해 ❶'2.1', '2.2', '2.3' 차례를 드래그 한 후 ❷ ▐(왼쪽 여백 늘이기)를 클릭합니다.

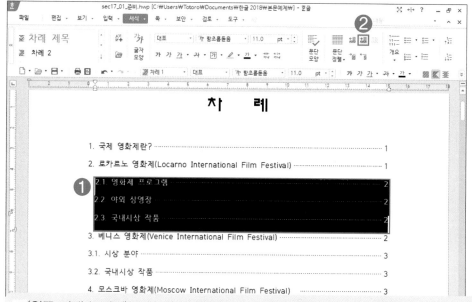

▐(왼쪽 여백 늘이기)는 한 번씩 누를 때마다 현재 문단의 왼쪽 여백이 1pt 씩 늘어납니다. ▐(왼쪽 여백 줄이기)는 한 번씩 누를 때마다 현재 문단의 왼쪽 여백이 1pt 씩 줄어듭니다.

06 다음과 같이 소제목인 '3.1', '3.2'와 '4.1', '4.2', '4.3' 도 각각 블록을 지정한 후 ▐(왼쪽 여백 늘이기)를 클릭하여 문서를 완성합니다.

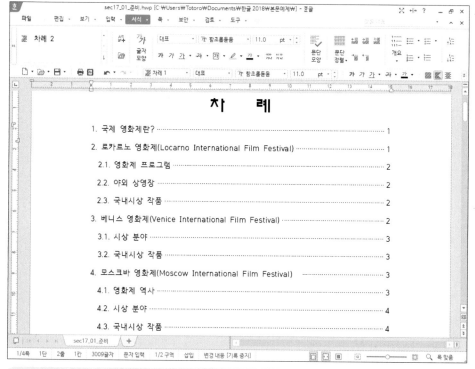

NOTE

차례 필드로 만들어 진 차례 항목을 추가 하거나 삭제한 경우, [도구] – [차례/색인] – [차례 새로 고침] 을 선택하여 변경된 내용을 변경할 수 있 습니다.

차례의 페이지 번호는 직접 수정할 수 있습니다.

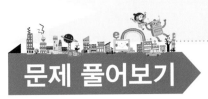

문제 풀어보기

01 준비파일을 연 뒤, 문단 번호를 지정하고 첫 페이지에 문서 차례를 추가하여 완성해 보세요.

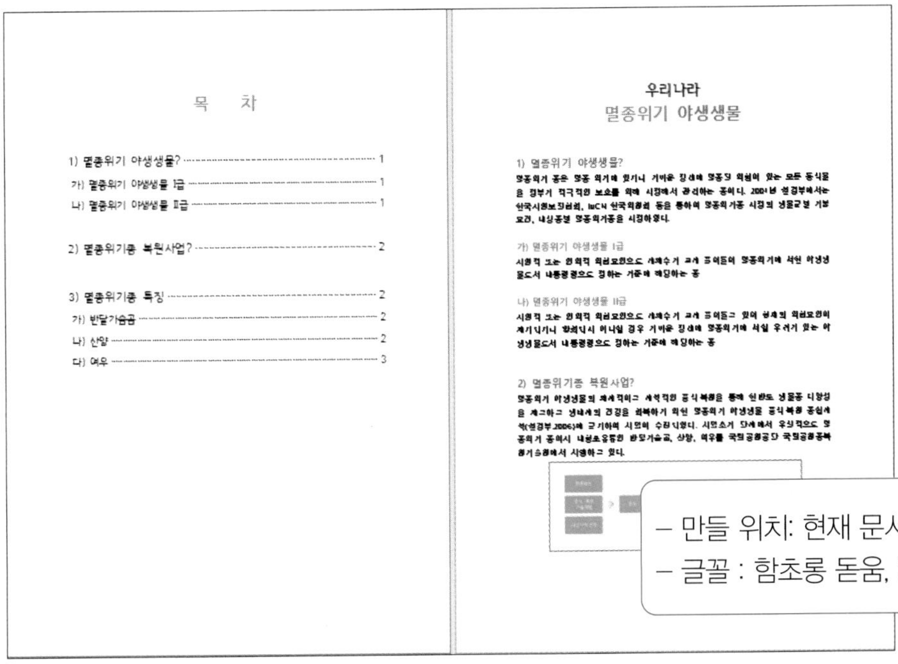
목 차
1) 멸종위기 야생생물? 1
가) 멸종위기 야생생물 I급 1
나) 멸종위기 야생생물 II급 1
2) 멸종위기종 복원사업? 2
3) 멸종위기종 특징 2
가) 반달가슴곰 2
나) 산양 2
다) 여우 3
우리나라
멸종위기 야생생물
1) 멸종위기 야생생물?
가) 멸종위기 야생생물 I급
나) 멸종위기 야생생물 II급
2) 멸종위기종 복원사업?

– 만들 위치: 현재 문서의 새구역
– 글꼴 : 함초롱 돋움, 22pt, 15pt, 13pt

▲ 준비파일 : check_17_01_준비.hwp / 완성파일 : check_17_01_완성.hwp

02 준비파일을 연 뒤, 문단 번호를 지정하고 첫 페이지에 문서 차례를 추가하여 완성해 보세요.

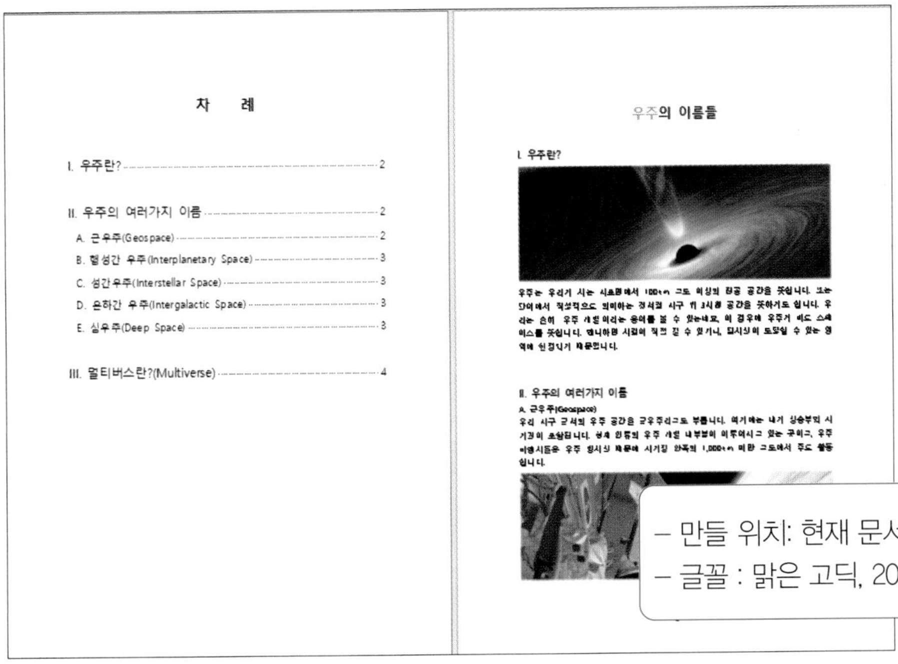
차 례
I. 우주란? 2
II. 우주의 여러가지 이름 2
A. 근우주(Geospace) 2
B. 행성간 우주(Interplanetary Space) 3
C. 성간 우주(Interstellar Space) 3
D. 은하간 우주(Intergalactic Space) 3
E. 심우주(Deep Space) 3
III. 멀티버스란?(Multiverse) 4
우주의 이름들
I. 우주란?
II. 우주의 여러가지 이름
A. 근우주(Geospace)

– 만들 위치: 현재 문서의 커서 위치
– 글꼴 : 맑은 고딕, 20pt, 16pt, 14pt

▲ 준비파일 : check_17_02_준비.hwp / 완성파일 : check_17_02_완성.hwp

18 메일 머지 만들기

SECTION

메일 머지는 업무에서 여러 사람에게 똑같은 내용의 문서를 보내야 하는 경우, 내용을 기록한 파일과 주소 파일을 하나의 문서로 연결하여 출력하는 기능입니다. 일반적으로 초대장이나 안내장 같은 경우에 많이 사용되고 있으며 프린터로 출력하거나 화면으로 출력하여 확인할 수 있습니다. 메일 머지 기능을 사용하여 안내장을 보내는 방법을 알아봅니다.

PREVIEW

▲ 완성파일 : sec18_01_완성.hwp

학습내용	체크포인트
실습 01 메일 머지 표시 달기	● 메일 머지 표시를 달 수 있습니다.
실습 02 메일 머지 명단 만들기	● 메일 머지 명단 파일을 만들 수 있습니다.
실습 03 메일 머지 만들기	● 메일 머지를 화면으로 출력할 수 있습니다.

스크립트 매크로로 제목 지정하기

▼ 준비파일 : sec18_01_준비.hwp

01 안내장에서 기수와 이름을 메일 머지 기능으로 입력하려고 합니다. ❶'기' 앞에 커서를 클릭합니다.

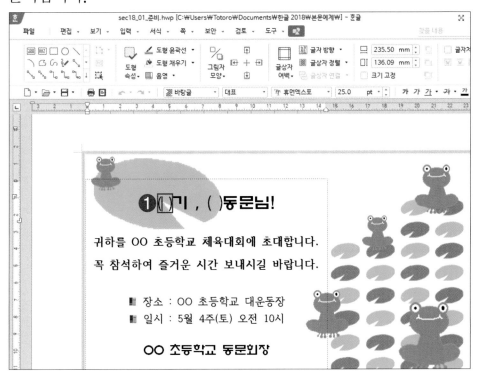

02 메일 머지 표시를 달기 위해 ❶[도구] 탭의 ▼를 클릭한 후 ❷[메일 머지]를 선택하고 ❸[메일 머지 표시 달기]를 클릭합니다.

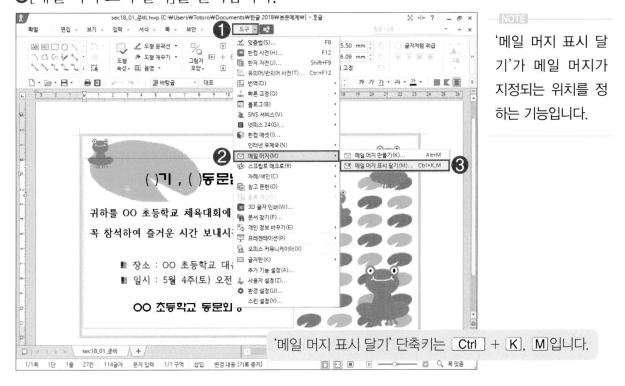

NOTE

'메일 머지 표시 달기'가 메일 머지가 지정되는 위치를 정하는 기능입니다.

'메일 머지 표시 달기' 단축키는 Ctrl + K , M 입니다.

03 [메일 머지 표시 달기] 대화상자에서 ❶[필드 만들기] 탭을 클릭한 후 ❷필드 번호를 '1' 을 선택하고 ❸[넣기]를 클릭합니다.

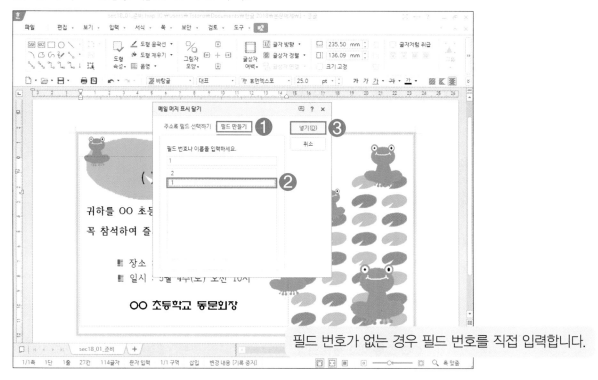

필드 번호가 없는 경우 필드 번호를 직접 입력합니다.

04 이번에는 ❶'동문님' 앞에 커서를 클릭합니다. ❷[도구] 탭의 ▼를 선택하고 ❸[메일 머 지]를 클릭하여 ❹[메일 머지 표시 달기]를 선택합니다.

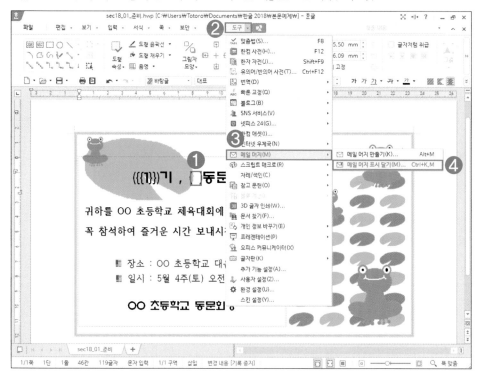

05 [메일 머지 표시 달기] 대화상자에서 ❶[필드 만들기]를 클릭한 후 ❷필드 번호를 '2'를 선택하고 ❸[넣기]를 클릭합니다.

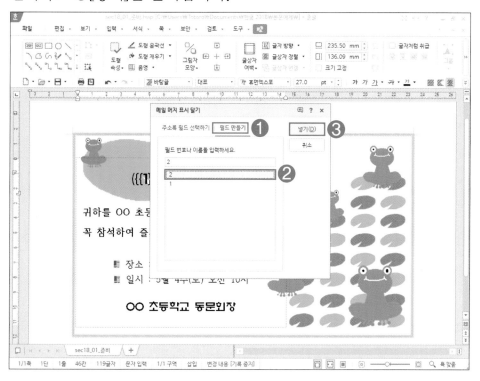

06 다음과 같이 2개의 메일 머지 표시가 완성됩니다.

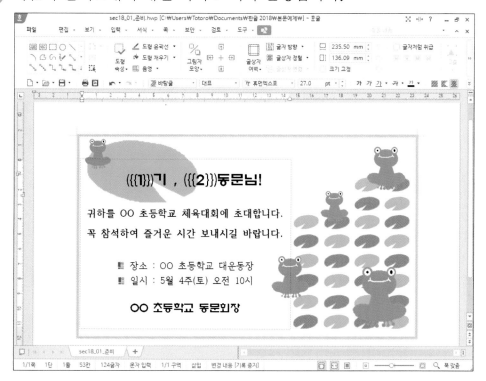

01 이번에는 빈 문서에 명단을 작성합니다. 첫 줄에는 ❶필드의 항목 수 '2'를 입력하고 ❷ 두 번째 줄에는 '기수' 항목으로 '15', ❸세 번째 줄에는 '이름' 항목으로 '최하늘'을 입력합니다.

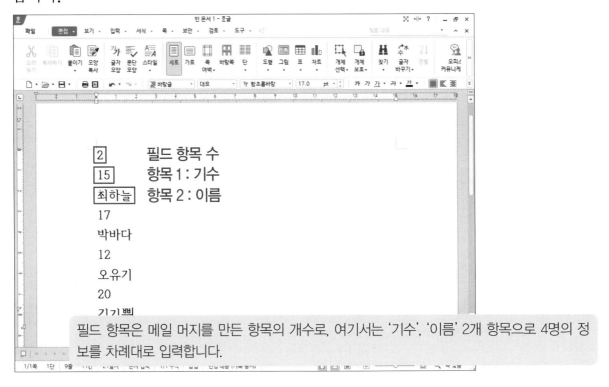

> 필드 항목은 메일 머지를 만든 항목의 개수로, 여기서는 '기수', '이름' 2개 항목으로 4명의 정보를 차례대로 입력합니다.

02 입력이 모두 끝나면 'sec18_01_명단.hwp'로 저장합니다.

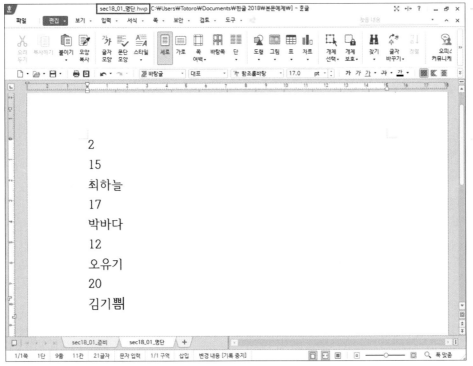

NOTE

새 문서는 문서 탭에서 [새 탭]을 선택하거나 [파일] – [새 문서] – [새 탭]을 사용할 수 있습니다.

실습 03 메일 머지 만들기

01 메일 머지를 만들기 위해 'sec18_01_준비.hwp' 파일에서 ❶[도구] 탭의 ▼를 클릭하고 ❷[메일 머지]를 선택한 후 ❸[메일 머지 만들기]를 클릭합니다.

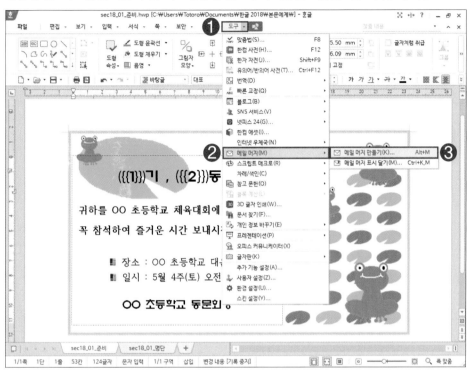

02 [메일 머지 만들기] 대화상자에서 ❶자료 종류는 '한글파일'을 선택하고 ❷(파일선택)을 클릭합니다. 저장된 'sec18_01_명단.hwp'을 선택한 후 ❸[만들기]를 클릭합니다.

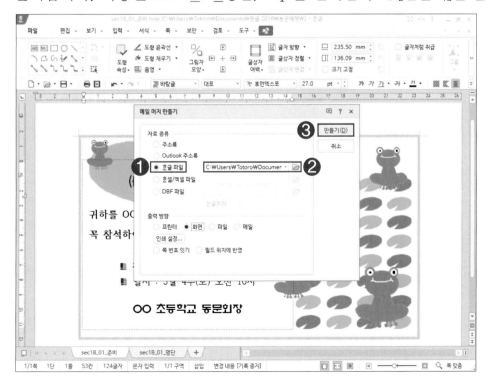

03 완성된 메일 머지를 4장씩 보기 위해 '미리 보기' 화면에서 ❶[쪽 보기]를 선택한 후 ❷ [여러 쪽]을 클릭하고 ❸'2줄×2칸'을 선택합니다.

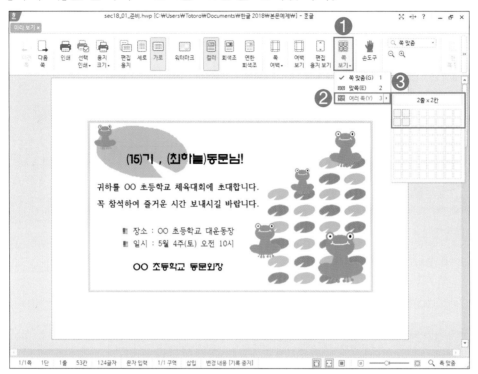

'미리 보기'를 하기 위해 [파일]을 선택하고 [미리 보기]를 클릭합니다.

04 다음과 같이 메일 머지가 완성되었습니다.

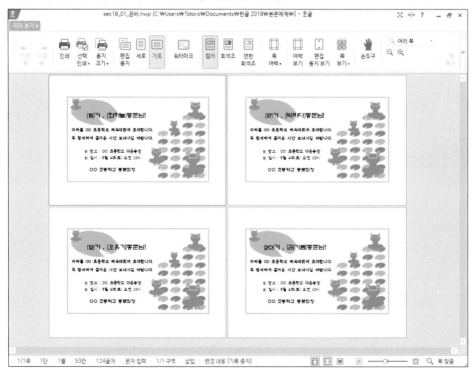

01

다음과 같이 필드 항목이 2개인 안내장을 메일 머지로 완성해 보세요.

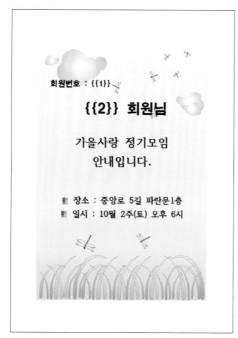

▲ 준비파일 : check_18_01_준비.hwp / 완성파일 : check_18_01_완성.hwp

02

다음과 같이 필드 항목이 4개인 재료/식품 카드를 메일 머지로 완성해 보세요.

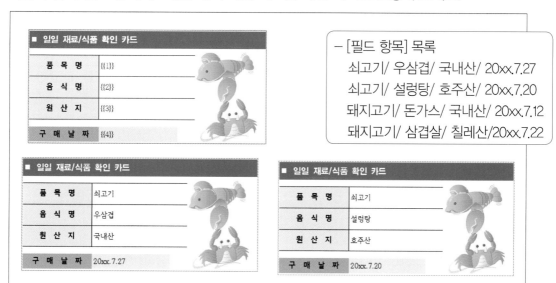

▲ 준비파일 : check_18_02_준비.hwp / 완성파일 : check_18_02_완성.hwp

한글 2018

New My Love 시리즈

2019 년 7월 30일 초판 1쇄 발행
2021년 12월 10일 초판 3쇄 인쇄
2021년 12월 20일 초판 3쇄 발행

펴낸곳   (주) 교학사

펴낸이   양진오

주 소   (공장)서울특별시 금천구 가산디지털1로 42 (가산동)
         (사무소)서울특별시 마포구 마포대로14길 4 (공덕동)

전 화   02-707-5312(편집), 02-839-2505/707-5147(영업)

팩 스   02-707-5359(편집), 02-839-2728(영업)

등 록   1962년 6월 26일 〈18-7〉

교학사 홈페이지 http://www.kyohak.co.kr

책을 만든 사람들
저 자 ｜ 안영희
기 획 ｜ 교학사 정보산업부
진 행 ｜ 교학사 정보산업부